# RÉSUMÉ

DU

# COURS D'ÉCONOMIE POLITIQUE

PROFESSÉ

A L'ÉCOLE DES HAUTES ÉTUDES COMMERCIALES

PAR M. OCTAVE NOËL

---

## NOTES RECUEILLIES

PAR

FERNAND BOURDIL

Examinateur du Cours d'Économie politique
à l'École des Hautes Études commerciales.

---

PARIS

A. PEDONE, Libraire-Éditeur

13, rue Soufflot, 13

# RÉSUMÉ

DU

# COURS D'ÉCONOMIE POLITIQUE

# DÉDICACE

---

Nous dédions ce livre à l'Ecole des Hautes Etudes commerciales, à son dévoué Directeur et à ses Élèves.

L'Auteur.

---

# RÉSUMÉ

DU

# COURS D'ÉCONOMIE POLITIQUE

PROFESSÉ

À L'ÉCOLE DES HAUTES ÉTUDES COMMERCIALES

PAR M. OCTAVE NOËL

---

## NOTES RECUEILLIES

PAR

FERNAND BOURDIL

Examinateur du Cours d'Économie politique
à l'École des Hautes Études commerciales.

---

PARIS
A. PEDONE, Libraire-Éditeur
18, rue Soufflot, 18

# PRÉFACE

Chers Élèves, ceci est un simple résumé, il ne vous dispense ni d'écouter au cours ni de prendre des notes.

# TABLE DES MATIÈRES

## PREMIÈRE PARTIE

## DEUXIÈME PARTIE



## TROISIÈME PARTIE

## QUATRIÈME PARTIE

### Répartition, Distribution des Richesses.



## CINQUIÈME PARTIE

---

# RÉSUMÉ DU COURS D'ÉCONOMIE POLITIQUE

PROFESSÉ A L'ÉCOLE DES HAUTES ÉTUDES COMMERCIALES

PAR M. OCTAVE NOËL

## PREMIERE PARTIE

## INTRODUCTION

**Définition.** — *Économie Politique* est le nom qu'on donne à l'étude des Richesses de l'Humanité. La locution *Science Économique* tend à remplacer celle d'Économie Politique.

**Division.** — *La Science Économique se divise en quatre sujets principaux :*

1° L'étude de la *Production* des Richesses; — 2° celle de leur *Circulation* ; — 3° celle de leur *Répartition* ou *Distribution* ; — 4° celle de leur *Consommation* (1).

**But, Principe et Méthode.** — *Le But de cette science est le Bien-être* de l'Humanité; son *Principe* fondamental : la *Liberté*; sa *Méthode : l'Observation.*

(1) Ce résumé contient cinq parties. I. *Notions générales;* II. *La Production;* III. *La Circulation;* IV. *La Répartition;* V. *La Consommation.*

## CHAPITRE PREMIER. — Aperçu historique.

**Antiquité.** — *Économie* vient du mot grec : οικονομια, dont la traduction exacte est Économie domestique.

*Le mot est vieux, la science est moderne. L'Antiquité classique* a surtout étudié l'Économie domestique ; elle se souciait assez peu des études économiques générales, car, avant l'ère chrétienne, le travail productif était considéré comme un acte servile et dégradant. La Société antique reposait sur la *Guerre* et sur l'*Esclavage*, deux phénomènes qui sont, au point de vue économique, de véritables maladies.

*Aristote* et *Platon*, ces deux encyclopédistes des temps passés, ont traité des questions isolées, mais sans jamais faire une étude méthodique de l'ensemble des phénomènes économiques.

**Temps modernes.** — *Pendant les* XVI*e*, XVII*e et* XVIII*e siècles*, plusieurs écrivains se sont occupés des droits et devoirs économiques de l'État, ou plutôt du Souverain qui en était alors la personnification. Citons parmi ces précurseurs Monchrétien, Bodin, Sully, Montesquieu.

**XVIIIe et XIXe siècles**. — C'est seulement dans la seconde moitié du XVIIIe siècle, avec l'école des *Physiocrates* et leur chef *Quesnay*, que les faits économiques sont soumis à des observations méthodiques et que leur étude devient, par conséquent, *une Science* *véritable*. Néanmoins, une erreur de principe s'était glissée dans l'esprit de Quesnay, qui croyait que l'Agriculture avait, seule, le pouvoir de créer des richesses et qui méconnaissait ainsi le rôle productif de l'Industrie et du Commerce. Un autre physiocrate illustre, *Gournay*, rectifia cette erreur. C'est à lui qu'on doit la maxime célèbre : *Laissez faire, laissez passer*.

C'est également au XVIII$^{e}$ siècle que le professeur écossais *Adam Smith* vivait dans une Université d'Écosse. Son ouvrage : *Wealth of Nations*, « Richesse des Nations, » est le premier qui embrasse l'ensemble des phénomènes économiques, ou, pour parler un langage familier, c'est le premier cours complet d'Économie Politique. La postérité reconnaissante lui a décerné le titre de *Père de l'Économie Politique*.

Parmi les hommes qui ont, depuis lors, le plus contribué au développement de la Science Économique, nous citerons : Turgot, Stuart-Mill, Ricardo, Malthus, Rossi, J.-B. Say, Michel Chevalier, le vulgarisateur Bastiat, et tout récemment M. P. Leroy-Beaulieu.

## CHAPITRE II. — CLASSEMENT ET RÔLE SCIENTIFIQUES DE L'ÉCONOMIE POLITIQUE.

**Classement.** — L'Économie Politique se classe au nombre des *Sciences Sociales* dont l'ensemble est désigné aujourd'hui sous le nom de Sociologie, et dont l'objet est l'homme, envisagé, non pas comme un être isolé, mais comme une partie intégrante de la Société dans laquelle il vit. On pourrait dire, en empruntant le langage de la Biologie, que les Sciences Sociales considèrent la Société comme un être organisé, et l'homme comme constituant la cellule sociale.

**Rôle.** — *Le rôle de la Science Économique est d'étudier les Richesses qui servent à satisfaire les besoins de l'Humanité.* Cette Science, qui s'applique à un sujet en évolution constante, ne doit pas être purement dogmatique, mais doit, tout en s'inspirant des principes fondamentaux qui dominent la marche de l'Humanité, progresser pas à pas par une série d'observations méthodiques.

**Rapports avec les autres sciences.** — Toutes les autres sciences sociales apportent à la Science Économique leur concours. Ainsi, la *Statistique* enregistre et classe les faits contemporains. L'*Histoire* est un vaste laboratoire où se sont accumulées pendant des siècles les expériences dont on tire les observations économiques. La *Morale* et la *Politique* enseignent à l'économiste qu'il ne suffit pas de calculer le produit brut de la machine humaine et qu'un accroissement de production obtenu au détriment des forces physiques ou morales de la Nation est chose funeste. De là, par exemple, les lois réglementant le travail des enfants.

La Science Économique peut également s'appuyer sur les Sciences mathématiques et naturelles, soit directement soit indirectement. Par l'intermédiaire de la statistique, elle met en œuvre l'*Arithmétique* et la *Géométrie*. La *Géographie* étudie à son profit les richesses industrielles et agricoles des divers points du globe. La *Météorologie* ne lui est pas indifférente, car elle enregistre les variations atmosphériques auxquelles sont liées l'abondance ou la disette de nos récoltes.

## CHAPITRE III. — Richesses, Définition, Caractères distinctifs et notions générales.

**Définition**. — On désigne sous le nom de Richesse tout objet que l'homme s'est approprié pour la satisfaction de ses besoins. Pour plus de concision, on peut dire qu'on appelle *richesse tout objet utile à l'homme et approprié par lui*, car l'utilité est justement la qualité des objets qui sont susceptibles de satisfaire les besoins de l'humanité. Il résulte de cette définition, qu'on ne classe pas dans les Richesses certains objets très utiles, mais dont l'homme n'a pas pris ou n'a pas pu prendre possession, par exemple la Chaleur et la Lumière solaire.

**Caractères distinctifs**. — La faculté d'échange et de transmission est la conséquence logique de la possession; l'homme peut évidemment faire ce qu'il veut de tout objet dont il est pleinement possesseur et maître, et notamment il peut le donner ou le vendre. *Les Richesses ont donc pour Caractères distinctifs d'être utiles et échangeables.*

**Assimilation des Talents aux Richesses.** — On a souvent discuté pour savoir s'il n'existait que des *Richesses matérielles* ou si on pouvait considérer les Talents comme des *Richesses immatérielles.* On peut dire que, si les Talents ne sont pas des Richesses au sens matériel du mot, ils deviennent *assimilables* aux Richesses au moment précis où ils font l'objet d'un échange ou d'un commerce. Ils acquièrent en effet, à ce moment-là, les deux Caractères distinctifs de la Richesse : l'utilité et la faculté d'échange. Les honoraires des médecins, les cachets des professeurs, les feux des artistes, fournissent des exemples familiers d'échanges réalisés entre les Talents et les Richesses matérielles.

Dans les définitions qui précèdent, nous avons rapporté la notion de Richesse à celle d'Utilité et la notion d'Utilité à celle de Besoin. Dans certains ouvrages, on a voulu aller plus loin et définir le Besoin Économique.

**Notion du Besoin.** — *La notion du Besoin* n'est pas définissable, *car c'est une de ces notions primordiales que l'homme n'acquiert pas par des leçons écrites ou verbales, mais seulement par ses expériences personnelles.* La soif et la faim nous font comprendre le besoin de boire et de manger, et ces deux besoins communs à tous les hommes sont les grands Maitres qui nous inculquent par analogie la notion du Besoin en général.

**Erreurs fatales.** — *L'absence d'une bonne définition* et d'une conception juste de la Richesse n'a pas eu, comme l'insinuent les adversaires de la science économique, pour seule conséquence des discussions vaines entre théoriciens, *elle a plus d'une fois causé la ruine d'un peuple.* Après la découverte de l'Amérique, les Espagnols oublièrent que tout objet utile, quel qu'il soit, constitue une Richesse. Éblouis par les trésors métallurgiques du Nouveau-Monde, ils en vinrent à dédaigner toutes les richesses autres que l'or et l'argent, ils négligèrent le Commerce, l'Industrie, l'Agriculture pour s'appliquer exclusivement à l'accaparement, par tous les moyens et toutes les exactions possibles, d'une masse de Métaux précieux. Ils ont payé cher leur erreur : après avoir eu la Possession absolue d'un Continent et la Prépondérance dans un autre continent, ils sont tombés au rang de Puissance secondaire.

## CHAPITRE IV. — La Propriété, ses partisans et ses détracteurs.

**Origines et évolution de la Propriété.** — La possession des richesses sous forme de *Propriété individuelle*, telle que nous la voyons aujourd'hui, n'a pas toujours existé ; elle n'existe pas encore partout. Suivant leur degré de civilisation, les sociétés passent du Communisme à la Propriété collective, et de la Propriété collective à la Propriété individuelle.

— Le Communisme n'existe guère de nos jours que chez les sauvages les plus primitifs comme les Fuégiens qui vivent en commun de la pêche et de la récolte des coquillages. Encore leur Communisme est-il mitigé, puisque chaque chef de famille possède en propre un canot. — On trouve des exemples de la Propriété collective dans les biens communaux du Mir russe et dans les nombreux droits d'affouage et de pacage pratiqués de nos jours en Suisse et en France.

Quoi qu'il en soit, depuis les périodes historiques les plus reculées, le développement de *la Propriété individuelle a marché de pair avec l'Évolution sociale et le Progrès.* Les peuples les plus industriels sont de nos jours ceux où la Propriété individuelle atteint son maximum de puissance. En Angleterre, la possession du sol entraine de droit celle du tréfond.

La Propriété individuelle a, comme conséquence directe, l'*Hérédité*, car les hommes jouissant de la libre disposition de leurs biens les ont généralement transmis à leurs enfants et les lois ont fini par consacrer ce que l'usage avait établi.

**Critiques.** — La Propriété et son corollaire l'Hérédité ont été l'objet d'attaques passionnées. Proudhon a dit : « La Propriété c'est le vol, » et avant lui Thomas Morus, J.-J. Rousseau, Mably, Babeuf, Saint-Simon, Fourier, Owen et bien d'autres ont médit de la Propriété. Owen était un utopiste assez riche pour tenter une expérience de Communisme à ses frais, les autres étaient assez orgueilleux pour vouloir réformer tout d'un coup l'Humanité et assez ambitieux pour inventer des cultes nouveaux et s'en faire proclamer les grands-prêtres.

La Propriété foncière est la plus attaquée : on lui reproche des origines violentes, comme l'accaparement par les premiers occupants et les usurpations commises par les potentats de tous grades. On lui reproche aussi l'immobilisation du sol de la Patrie au profit de quelques privilégiés.

Laissons de côté les déclamations et examinons de près les faits. Est-il vrai que les détenteurs actuels du sol aient pour auteurs directs des usurpateurs ? Cela n'est pas vrai en France où le sol morcelé a constamment changé de mains, par voie de vente surtout depuis un siècle. Chez nous, les titres de Propriété héréditaires remontent rarement à plus de quelques générations. Les orateurs n'ont donc qu'à reporter leurs déclamations au delà de nos frontières, et même là ils trouveront rarement les faits d'accord avec leurs belles paroles.

Passons maintenant aux *privilèges du propriétaire foncier*. Si le métier de propriétaire foncier était un métier de privilégié, nous n'assisterions pas, depuis vingt ans, à une baisse régulière et continue de la Propriété foncière contrastant avec la hausse régulière des valeurs mobilières. Depuis l'invasion du phylloxera en France, nous pourrions citer des propriétaires fonciers qui auraient de nos jours grand intérêt à l'expropriation et à la nationalisation du sol prêchée par les collectivistes. Certains d'entre eux réaliseraient un bénéfice, même si l'Etat, allant plus loin encore, leur confisquait leurs terres sans autre compensation que le rachat des bâtiments agricoles et le remboursement des avances faites par eux à fonds perdus pour l'entretien et la défense du vignoble.

On voit par là que les attaques dirigées contre la Propriété individuelle, même sous forme de Propriété foncière, sont bien mal justifiées. A plus forte raison, les critiques tomberaient-elles à faux dans les autres cas où on ne peut pas arguer d'un monopole. Il serait manifestement inique et impolitique de priver les hommes des richesses créées par leur travail ou amassées par leur épargne et, les détournant ainsi de tout nouvel effort, de les pousser à la paresse et à la misère.

L'Histoire des vingt derniers siècles prouve que l'Humanité a tendu constamment vers la Propriété individuelle ; c'est donc le système le plus conforme à son organisation sociale.

**Utilité de la Propriété.** — *La Possession permanente et l'Hérédité* sont seules capables de développer dans une nation *l'opiniâtreté au Travail et à l'Épargne indispensables pour arriver à un bien-être* relatif dans un état de civilisation comme le nôtre, trop rudimentaire pour laisser beaucoup de loisirs à l'Humanité, et où la lutte pour la vie condamne à la défaite et à la mort les peuples paresseux ou peu économes.

*La Propriété individuelle avec l'illusion de la*

*perpétuité est le seul moyen qu'on ait trouvé jusqu'ici pour donner à la possession un caractère de permanence suffisant pour aiguillonner l'activité humaine.* En résumé, *le principe de la Propriété individuelle semble être une condition* sine qua non *de notre degré actuel de civilisation.*

**Exceptions.** — Néanmoins, la pratique admet des tempéraments au droit de propriété, le Code civil par exemple, quand il édicte l'expropriation pour cause d'utilité publique, substitue une indemnité pécuniaire aux droits du propriétaire. En traitant de l'Industrie agricole et de la Rente, nous étudierons des transformations déjà en évolution dans le régime de la Propriété et d'autres qui sont à l'état de conceptions purement théoriques.

**Origines de l'Hérédité.**— Quant à l'*Hérédité, elle* a *des origines antérieures et supérieures* à l'Ordre social lui-même, car elle est d'ordre physiologique. Il n'est pas plus anormal de voir un fils hériter de la fortune de son père que de le voir hériter de la goutte ou de la gravelle.

---

# DEUXIÈME PARTIE

## CHAPITRE PREMIER. — PRODUCTION DES RICHESSES. TROIS ÉLÉMENTS DE LA PRODUCTION : NATURE, TRAVAIL ET CAPITAL.

**Productions.** — L'homme ne crée pas de toutes pièces les richesses, il ne crée pas les matières premières, il les prend dans la nature et les approprie à ses besoins.

*Pour lui, produire ce n'est pas créer de la matière, c'est transformer la matière brute en matière utile, c'est créer de l'Utilité.*

Quand l'homme produit, il transforme par *son travail*, pour les rendre utilisables, les matières premières et forces fournies par la *Nature* en s'aidant d'instruments provenant des richesses produites antérieurement, auxquels on donne le nom de *capitaux*.

**Trois éléments de la production.** — On voit donc que *les trois sources de la richesse ou éléments de la production sont la Nature, le Travail et le Capital* ; ce qu'on peut exprimer sous une autre forme en disant que la production est une fonction de trois quantités variables : la nature, le travail et le capital. La nature désigne ici toutes les parties de la planète terrestre que l'Humanité occupe et exploite.

## CHAPITRE II. — Le Travail.

**Conditions à réaliser.**— *Pour le bien-être de l'humanité*, il est nécessaire que la production de la richesse atteigne son maximum et que le travail soit aussi peu pénible que possible.

**Moyens divers.** — L'*Antiquité* assurait le bien-être des hommes libres en soumettant à l'esclavage une moitié du genre humain. Le Christianisme et la Civilisation moderne ont condamné cette méthode comme immorale, il faut donc chercher à développer la productivité sociale et à utiliser le travail dans les meilleures conditions possibles : l'expérience prouve que ces conditions sont les suivantes : *Liberté, Combinaison des efforts et Division du travail.*

La liberté permet à chacun d'adopter le travail auquel il se sent le plus apte et, par conséquent, de travailler bien et sans déplaisir.

Il ne faut pas confondre la liberté du travailleur, le droit qu'a chacun de s'employer comme il l'entend, avec le prétendu *droit au travail*, en vertu duquel la société serait tenue de fournir du travail ou des sinécures à tous ceux qui ne savent pas ou qui ne veulent pas trouver de la besogne par eux-mêmes.

*La combinaison des efforts* permet d'atteindre des résultats au-dessus des forces d'un homme isolé. Un exemple connu est celui où plusieurs marins tirant simultanément sur un même câble hissent une voile qu'un seul homme ne pourrait mettre en mouvement.

**Division du travail.** — *La division du travail est un système dans lequel plusieurs travailleurs concourent à un résultat déterminé non pas en combinant des efforts identiques, mais au contraire en se spécialisant pour fournir chacun une partie différente du Travail à produire.*

Adam Smith a donné de cette division du travail un exemple célèbre en montrant que dix hommes occupés à faire des épingles fabriqueront beaucoup plus d'épingles si chacun fait une partie de chaque épingle que si tous font des épingles entières.

Voici pour quelles raisons la division du Travail augmente la production : 1° La spécialisation a pour conséquence naturelle l'entraînement et, par suite, une habileté beaucoup plus grande chez le producteur; 2° la division supprime les pertes de temps inévitables quand un ouvrier doit passer d'une besogne à une autre ; 3° elle réduit l'outillage nécessaire à l'ensemble d'une production puisque chaque ouvrier n'a besoin que d'un seul jeu d'outils ; 4° elle raccourcit l'apprentissage puisque chacun n'a qu'un métier ou même une fraction de métier à apprendre ; 5° en réduisant les travaux spécialisés à des mouvements simples, elle permet d'en faire accomplir une partie par les machines, ces automates qui économisent la peine de l'homme; 6° par la variété qu'elle crée dans les efforts à accomplir, elle met le Travail à la portée de tous, hommes et femmes, grands et petits, sans surmenage pour personne; 7° enfin, elle permet le groupement des services qui réalise dans certains cas une immense économie de travail. Il suffit pour s'en rendre compte de mettre en regard la peine prise et les services rendus par un facteur rural d'une part et d'autre part le véritable gaspillage de travail qu'on ferait en confiant chaque lettre à un porteur différent. Grâce à tous les avantages que nous venons de signaler, la Division du Travail permet d'abaisser notablement les prix.

Tous ces avantages ne sont pas sans certains risques : la division du travail solidarise les hommes avec l'Industrie dont ils vivent et les expose à subir le contre-coup des erreurs d'autrui. En cas de grève, de chômage, de faillite, par exemple, un homme peut avoir à souffrir d'une faute commise par un autre. C'est inévitable, car la Solidarité est la condition du progrès dans la Nature entière; la Biologie nous enseigne que les organismes les plus parfaits sont les plus complexes et ceux où la Solidarité est la plus grande entre les diverses parties. La Fontaine a écrit à ce sujet la jolie fable des *Membres et de l'Estomac.* Cet organisme vivant qu'on appelle une Société subit la même loi; les sauvages sont moins solidaires de leurs congénères que les hommes civilisés et leur habileté à se passer des autres est d'autant plus grande que leur état social est plus rudimentaire et leur existence plus misérable.

On peut néanmoins parer aux éventualités ci-dessus en consacrant les loisirs que donne la division du travail à cultiver son instruction et son énergie pour pouvoir passer, le cas échéant, d'un métier à un autre. La chose est possible, puisque nous la voyons s'accomplir sous nos yeux depuis un siècle. En effet, à mesure que la Division du Travail s'accentue, l'Instruction de la classe ouvrière augmente. Les rapports successifs des délégués ouvriers aux diverses expositions en ont laissé la preuve.

## CHAPITRE III. — Capital. Machines.

**Définition du capital ou des capitaux.** — *On désigne sous le nom de capital ou capitaux toutes les richesses dont l'homme fait des instruments de production.*

La différence entre les Richesses et les Capitaux ne dépend pas de leur essence même, mais seulement de leur *destination*. Le capital ne comprend qu'une partie de la richesse, celle qui n'est pas consacrée à la consommation directe, mais au contraire réservée à une production nouvelle. Une bouteille de champagne qui est un capital dans la cave du producteur devient une simple richesse sur la table du consommateur.

Quelques économistes ont cru devoir diviser les capitaux en deux catégories : capitaux productifs et capitaux lucratifs, suivant le rôle plus ou moins noble à leurs yeux que ces capitaux jouent dans la production nationale. Suivant ces auteurs, les capitaux productifs enrichiraient le pays en même temps que leur possesseur; les seconds n'enrichiraient que leur possesseur. C'est difficile à admettre. Cela parait bizarre, mais les exemples généralement donnés à l'appui de cette distinction prouvent que c'est inexact. On cite toujours comme capital productif la charrue, mais on cite souvent comme capitaux simplement lucratifs les habitations et les vêtements. Or, la plus importante de toutes les industries en Suisse est l'Industrie Hôtelière, et l'Industrie de la Confection est l'une des plus importantes en France : et ces industries contribuent non seulement à la fortune publique, mais encore à l'influence exercée par ces deux pays à l'extérieur. C'est le cas d'appliquer un dicton vulgaire, mais bien à sa place ici : L'or n'a pas d'odeur.

**Capitaux fixes et capitaux circulants.** — *Les capitaux se divisent en capitaux fixes et en capitaux circulants, suivant leur rôle industriel.* Les capitaux circulants sont ceux qu'on doit amortir à chaque opération, parce qu'ils disparaissent ou se transforment : tels sont les matières premières, les combustibles, les salaires, les produits fabriqués. Les capitaux fixes sont ceux qui s'amortissent à plus ou moins longue échéance comme les constructions et les machines, car ils servent à la production pendant une série d'années.

**Formation des capitaux. Épargne.** — *L'épargne est l'acte de volonté par lequel un homme, renonçant à la consommation prochaine d'une richesse acquise, la met en réserve pour en faire un instrument de production.*

*L'épargne est un travail, c'est le travail de la volonté humaine.* Au point de vue économique, ce travail a une utilité comparable au travail physique et au travail intellectuel, car c'est lui qui transforme les simples richesses en capitaux productifs (1).

Il ne faut pas confondre l'épargne avec la *thésaurisation* qui consiste à se priver de la jouissance des richesses acquises uniquement pour les entasser en les laissant improductives : c'est la manière de procéder des avares. L'épargne suppose assez d'initiative et d'audace pour risquer dans des entreprises les Richesses épargnées.

---

(1) C'est même un travail pénible puisqu'il y a si peu de gens sur la terre qui soient capables de l'accomplir, puisqu'il y a tant de gens prodigues et si peu de gens économes et que l'humanité après de longs siècles d'existence possède si peu de capitaux accumulés.

Les premières épargnes sont les plus difficiles, elles deviennent progressivement de plus en plus aisées à mesure que les capitaux déjà épargnés favorisent la Production et facilitent la besogne de l'homme. On a raison de dire quelquefois que l'épargne fait la boule de neige, c'est la poule aux œufs d'or qu'il faut bien se garder de tuer par des guerres ou des révolutions, et qu'il faut au contraire encourager par des institutions appropriées comme les caisses d'épargne.

Nous avons vu précédemment que la production était une fonction de trois quantités variables : nature, travail et capital ; l'Humanité a donc tout intérêt à voir augmenter les capitaux qui font diminuer sa besogne et augmenter son bien-être. Certaines écoles nient le lien indissoluble qui lie le travail au capital. C'est méconnaître l'origine et le rôle de ce dernier. S'il est vrai que le travail peut, pour produire, se passer du capital, il n'est pas moins certain que sa production, sans le concours de celui-ci, devient beaucoup plus pénible et souvent insuffisante ; avec le capital, il acquiert une force d'action et une productivité profitable à tous. De son côté le capital serait stérile si le travail ne venait le mettre en œuvre et lui donner la vie. La charrue, sans le laboureur, ne pourrait pas ameublir le sol ; le laboureur pourrait, à la rigueur, avec ses propres mains, creuser la terre, mais il obtiendrait un maigre résultat. L'union des deux au contraire donne la Richesse et la Prospérité.

**Machines.** — Les machines jouent un rôle prépondérant parmi les capitaux modernes. Depuis un siècle le Machinisme a pris une extension inconnue et imprévue jusqu'à nos jours. Ce développement remonte aux grands travaux industriels de Papin, Watt, Stephenson, Timonnier, Vaucanson, Sauvage, Fulton, etc.

**Avantages et risques.** — Les machines sont de véritables automates, qui remplacent chaque jour davantage l'homme dans les travaux exigeant un effort physique pénible. Elles réduisent progressivement le rôle de l'homme à celui d'une intelligence dirigeante. Ceci n'est pas du goût de tout le monde, car la paresse intellectuelle est souvent plus développée que la paresse physique.

Un exemple caractéristique de la transformation des fonctions de l'homme sous l'influence des machines est celui qu'on peut tirer de l'exhaure des minerais. Autrefois, des manœuvres, hommes et femmes, montaient péniblement les minerais sur le dos en gravissant des échelles. L'exhaure se fait aujourd'hui avec des monte-charges à vapeur conduits par des mécaniciens aidés par des chauffeurs. Evitant les grands efforts physiques, les machines rendent possible l'adaptation des travaux aux diverses catégories de travailleurs. Elle permet par conséquent d'améliorer le sort de la famille ouvrière, en étendant aux femmes et aux enfants le Travail productif qui incombait jadis tout entier au chef de famille. Economisant la main-d'œuvre et, par conséquent, la production à bon marché, elles permettent de baisser le prix et de démocratiser le bien-être. Elles facilitent ainsi la culture intellectuelle. A côté de ces avantages positifs et permanents, elles offrent des risques temporaires. Bien qu'on leur reproche de supprimer le travail des ouvriers, elles se bornent en réalité à le transformer ; mais les périodes de transition soudaine exigent brusquement un nouvel apprentissage, occasionnent des chômages momentanés et peuvent par conséquent être une cause de souffrance.

L'introduction des machines dans une industrie déterminant une baisse de prix a comme conséquence nécessaire (nous le verrons plus tard : voir IIIe partie, ch. II : Prix coûtants et prix courants) un accroissement de la consommation et comme conséquence finale, après la transformation, une plus grande demande de bras. L'exemple bien connu des Chemins de fer en est la meilleure démonstration. Le Roulage occupait quelques dizaines de mille ouvriers en France ; c'est par centaines de mille qu'on compte les employés des Chemins de fer, et le Camionnage à lui seul a pris une importance comparable à celle de l'ancien Roulage.

Souvent une industrie nouvelle fait revivre en leur forme primitive d'autres industries qu'une troisième avait supplantées et éclipsées momentanément. La grand'route et ses auberges plongées par les chemins de fer dans un long sommeil se réveillent aujourd'hui sur l'impulsion de la Vélocipédie et de l'Automobilisme naissant.

D'ailleurs les Machines n'absorbent jamais tout : on peut leur échapper de deux manières en étant au-dessus ou au-dessous de leurs atteintes. Dans certaines parties de l'immense empire chinois, les manœuvres fournissent la force mécanique à si bas prix que l'emploi des machines leur fait difficilement concurrence et s'en trouve restreint. Par contre une machine pourra bien imprimer ou tisser sur des milliers de mètres d'étoffe un très beau dessin, mais elles ne sauraient remplacer ni la pensée créatrice, ni la main, ni le crayon, ni le pinceau de l'artiste qui a conçu, dessiné et peint le modèle original. La fabrication mécanique s'est emparée des soies unies, mais les canuts de Lyon ont conservé la spécialité des belles soies et des beaux velours façonnés.

## CHAPITRE IV. — Classification des Industries et Industrie agricole.

La production, — depuis le moment où l'Homme commence ses travaux demandant au Sol la matière première, jusqu'au moment où le produit terminé passe aux mains du Consommateur, comprend en tout cinq phases distinctes, répondant aux *cinq industries suivantes :*

*Industrie Agricole, Industrie Extractive, Industrie Manufacturière, Industrie des transports, Commerce.*

### *L'Industrie Agricole.*

Un vieux préjugé veut qu'on place au premier rang l'Industrie Agricole, bien que l'Industrie Extractive soit chronologiquement la première et qu'elle ait suffi pendant des siècles à faire vivre l'Humanité.

L'industrie agricole est celle que l'homme met en œuvre pour obtenir du sol les produits végétaux ou animaux dont l'obtention suppose une culture préalable.

Le point de vue économique est le seul qui doive nous occuper ici dans l'étude des industries et il a du reste une grande importance. Par exemple, l'étude d'une carte agricole de l'Afrique nous montre que la Tunisie, un des anciens greniers de Rome, a subi des déboisements intempestifs qui l'ont rendue relativement aride et stérile.

**Conditions sociales d'une bonne exploitation agricole.** — Les conditions sociales d'une abondante production agricole sont les suivantes : *Sécurité de la possession et Liberté des transactions.*

Sans sécurité on cultive mal, on n'amende pas le sol, on vit au jour le jour avec une unique préoccupation, celle de mettre à l'abri les récoltes présentes. Tel est de nos jours l'état précaire de l'agriculture dans les pays musulmans.

L'absence de liberté dans les transactions expose la propriété foncière à s'immobiliser dans des mains inhabiles. Les usages comme les majorats et les substitutions, qui ont souvent pour résultat d'empêcher les incapables de se ruiner et de faire ainsi place à d'autres, sont funestes pour l'Agriculture.

**Majorat.** — Dans le *majorat*, la propriété devenue insaisissable et inaliénable suit la lignée mâle par ordre de primogéniture jusqu'à extinction.

**Substitution.** — Dans la *substitution*, un père de famille constitue pour héritier non pas son fils, mais son petit-fils ou un descendant plus éloigné, né ou à naître qui devient le véritable propriétaire des biens fonds, dont les échelons intermédiaires ne sont plus pratiquement que les usufruitiers.

**Droit d'aînesse.** — Le *droit d'aînesse* mérite les mêmes critiques que les usages précédents, mais à un degré moindre. Il y a tout lieu de croire que la substitution et le droit d'aînesse ne sont pas étrangers au paupérisme dans un pays aussi riche que l'Angleterre.

**Mainmorte.** — La *mainmorte*, qui monopolise pendant des siècles d'immenses propriétés foncières entre les mains de communautés peu industrieuses, a maintenu en Espagne et dans les pays musulmans de vastes surfaces incultes.

**Frais de mutation.** — Les *frais de mutation* exagérés qui font obstacle aux échanges sont également funestes à la production agricole.

Par contre, toutes les facilités légales ou autres apportées aux transactions augmentent l'activité des entreprises agricoles : tels sont les abaissements des douanes et des octrois qui permettent aux produits de circuler plus librement, telle est la législation désignée sous le nom d'*acte Torrens* et originaire d'Australie qui donne aux titres de propriétés eux-mêmes valeur certaine et rend les transactions immobilières aussi rapides et aussi faciles que les transactions mobilières.

L'école Le Play semble croire que la prospérité agricole est liée à un régime familial et successoral particulier, celui de la famille souche. Il est utile de constater que les faits infirment cette théorie : ainsi le Danemark, pays essentiellement agricole, prospère sous un système successoral qui admet comme le Code civil l'égalité du partage des biens.

**Conditions territoriales.** — Examinons maintenant les conditions territoriales d'une bonne production agricole en comparant *grande, moyenne et petite propriété ; grande, moyenne et petite culture.* On admet généralement la distinction suivante : petite propriété, moins de 50 hectares ; moyenne de 50 à 100 ; grande, au delà.

**Grande propriété.** — Le principal avantage de la *grande Propriété* est d'être économique comme exploitation ; en effet, grâce à la variété et à l'importance de ses travaux, elle permet l'utilisation des machines, la division du travail et les méthodes scientifiques, et comme conséquence, elle économise la main-d'œuvre. Un de ses avantages accessoires est la conservation des parcs et des forêts qui jouent un rôle important au point de vue de l'hygiène et du climat. Les défauts qu'on reproche principalement à la grande propriété sont l'absentéisme et la mauvaise culture. Ce sont là défauts inhérents aux propriétaires et non pas à la propriété. Nous avons examiné plus haut les causes sociales dont ils découlent, telles que substitution, mainmorte, etc. Les immenses propriétés qui sont exploitées dans les pays neufs donnent généralement un bon rendement économique dont nous avons une preuve dans la baisse régulière du prix du blé et de celui de la laine depuis qu'on a emblavé le Far-West américain et peuplé de moutons les plaines de l'Australie. Il est certain que la substitution aux propriétaires actuels de grandes sociétés commerciales du type des sociétés anonymes, comme on en voit déjà en Amérique, occupant de très grands espaces capables de mettre en œuvre de grands capitaux et possédant une durée plus longue que la courte vie humaine, permettrait de rendre la culture plus industrielle et de répartir, sur une période d'années plus longue l'amortissement des fléaux qui ruinent fréquemment l'agriculteur. Si on pouvait, en outre, diviser en petites coupures les actions de ces Sociétés, de façon à morceler sous une nouvelle forme la propriété foncière sans déchiqueter le sol, et à augmenter le nombre des ouvriers agricoles possédant des biens, on réunirait tous les avantages de la grande et de la petite propriété et on obtiendrait matériellement et moralement des résultats supérieurs à ceux des systèmes actuels. On obtiendrait ainsi sans révolution économique ni sociale et sans atteinte à la liberté la démocratisation du sol et des instruments de travail dont les socialistes prônent la réalisation par la violence et un retour au despotisme.

Une pareille transformation ne pourra se généraliser qu'après une profonde évolution dans les idées reçues et quand la possession du sol aura perdu le prestige qui s'y attache encore.

La grande Propriété convient spécialement à la

culture des céréales, des plantes industrielles, des pâturages et des forêts.

**Petite propriété.** — La *petite Propriété* se prête mal au Machinisme et à la Division du Travail, elle exige donc beaucoup de main-d'œuvre, elle est donc moins économique à cultiver que la grande Propriété. Par contre, son rendement par unité de surface est souvent très considérable et elle convient tout particulièrement aux cultures maraîchères appelées à produire dans un espace restreint l'approvisionnement rapide des grandes villes. Certaines cultures de luxe, celles des fleurs et des fruits, sont dans le même cas.

La petite Propriété a certains avantages d'ordre purement social, elle démocratise la Propriété en multipliant le nombre des propriétaires fonciers et développe chez ces derniers certaines qualités. Grâce à des préjugés héréditaires, le propriétaire foncier puise dans son état une satisfaction d'amour-propre et une illusion de sécurité (nous disons illusion, car les fléaux déciment souvent ses récoltes), qui l'attachent au sol et le rendent d'une opiniâtreté infatigable au Travail et à l'Épargne. Il devient donc un citoyen utile.

**Moyenne propriété.** — La *moyenne Propriété* participe aux qualités et aux défauts des deux systèmes précédents. Répandue en France et détenue par les classes bourgeoises, elle a aidé à la conservation de certaines cultures très aléatoires, notamment celle des vignes qui ont coûté à leurs possesseurs d'immenses sacrifices. Ce système a donc rendu service plutôt au pays en général qu'aux propriétaires eux-mêmes.

**Cultures.** — *Grande, petite et moyenne culture.* Les observations précédentes relatives à la grande, petite et moyenne propriété, s'appliquent ici, sous déduction de celles qui ont trait aux propriétaires eux-mêmes. Nous renvoyons le lecteur à ce que nous avons dit précédemment.

**Divers modes d'exploitation.** — *Les divers modes d'exploitation* en usage sont : le faire-valoir, le fermage, le métayage et le colonage partiaire. Leur comparaison va nous montrer que le fermage fournit le plus grand produit brut et contribue plus que les autres, par conséquent, à la prospérité publique.

**Faire-valoir.** — *Le faire-valoir* comprend deux cas : le premier, celui où le propriétaire cultive lui-même ses terres avec le concours de sa famille, correspond à la petite propriété déjà examinée ; le second est celui où un grand propriétaire administre et dirige l'exploitation, tout en faisant faire par d'autres les travaux matériels. Dans l'ancien Monde où la terre coûte cher, ce procédé n'est pas exempt de dangers. Le propriétaire a beaucoup de capitaux immobilisés par l'achat du sol, et s'il n'y prend pas garde, il peut manquer de fonds de roulement et avoir recours à l'hypothèque, moyen souvent ruineux de se procurer des fonds. Une expression vulgaire peint bien la situation : Il a tous ses œufs dans le même panier.

**Fermage.** — *Le fermage* nous apparait exempt de ces risques. Moyennant une redevance fixe payée au propriétaire chaque année, le fermier dispose du terrain, des immeubles, des clôtures, des canaux, des routes, etc., quelquefois même du cheptel sans immobiliser ses capitaux qu'il peut consacrer exclusivement à son fonds de roulement. De plus, il n'est pas rivé au sol; il peut, à la fin de son bail, déplacer son industrie pour la porter dans une région plus fertile ou plus favorable. Une fois sa redevance acquittée, tous les fruits du sol lui appartiennent, il a donc tout intérêt à obtenir du sol une grande production, si bien que son intérêt personnel s'harmonise avec l'intérêt général.

Les baux à longs termes et à échéances fixes, qui permettent aux fermiers d'entreprendre des travaux d'amélioration et de les amortir, sont les meilleurs. Les baux annuels ou à échéance indéterminée, qui laissent le fermier dans l'incertitude pour l'avenir, sont contraires à une bonne exploitation et à un bon entretien du sol. Les baux à courts termes sont d'un usage courant en Irlande, c'est là une des causes du paupérisme dans ce pays.

**Métayage.** — Dans le *métayage*, le propriétaire partage en nature et par moitié les fruits avec le cultivateur. Ce dernier fournissant toute la main-d'œuvre et ne recueillant que la moitié des fruits s'appliquera aux cultures économiques plutôt qu'aux cultures à fort rendement qui sont généralement chères, et qui pourraient, dans certains cas, coûter plus que ne vaudrait sa part de produits. Au point de vue social, le métayage a le mérite de solidariser les cultivateurs et les propriétaires. Il ouvre quelquefois une porte à la fraude parce que les usages veulent que certains bénéfices échappent au partage, notamment ceux qui proviennent des charrois. Le métayage est en faveur quand la population rurale est assez pauvre pour supporter difficilement le risque d'une redevance fixe payable dans les mauvaises comme dans les bonnes années.

**Colonage.** — Le *colonage partiaire* diffère du métayage seulement par la proportion des fruits attribuée aux deux contractants. Le colon ne touche quelquefois que le tiers ou le cinquième.

**Dépopulation des campagnes.** — L'agriculture manque de bras, dit une vieille plainte, qui remonte au moins à Virgile et n'en vaut pas mieux pour cela. Les campagnes se dépeuplent seulement quand les travaux industriels sont plus rémunérés et plus rémunérateurs que les travaux agricoles. Or, il importe fort peu à la prospérité publique que le travail d'un homme se traduise en pommes de terre, en charbon de terre ou en tout autre produit utile pourvu qu'il soit le plus productif possible. D'ailleurs, dans les grandes cultures, le machinisme perfectionné réduit la main-d'œuvre nécessaire dans des proportions telles qu'il peut produire une diminution dans la population agricole, coïncidant avec une augmentation des récoltes obtenues. Les mouvements de population ne sont dangereux que s'ils sont dus à des causes artificielles et stériles comme les travaux publics exagérés, ou encore à des encouragements directs donnés à la paresse comme les distributions de vivres dont les Césars se servaient pour corrompre la plèbe de Rome.

## CHAPITRE V. — Industrie extractive.

*On appelle Industries extractives toutes celles au moyen desquelles l'Homme puise, sans culture préalable, dans la nature, les matières telles qu'elles s'y trouvent.*

La cueillette des fruits sauvages, la chasse, la pêche, les exploitations forestières, telles qu'elles sont pratiquées, sans culture préalable, dans les forêts vierges du nouveau Monde, les mines, minières et carrières rentrent dans cette catégorie.

La cueillette des fruits sauvages a à peu près disparu dans les pays peuplés.

**Chasse.** — *La chasse* a joué un rôle prépondérant dans l'alimentation des peuples primitifs, elle n'est plus guère qu'un sport aujourd'hui. Seule, la chasse des animaux à fourrure alimente encore un commerce important.

**Pêche.** — *La pêche* fluviale et lacustre a également perdu de son ancienne importance, mais la pêche maritime, toujours grandissante, arme des flottes dont les plus importantes vont à la recherche de la morue dans les mers du Nord.

**Forêts.**— *L'industrie forestière*, quoique concurrencée par celles du fer et de la houille, prend en certains points du globe un développement tel que des déboisements intempestifs sont à redouter et risquent d'amener des changements climatériques fâcheux.

**Mines.** — *L'industrie minière* constitue la plus importante des industries extractives. Elle fournit entre autres choses à l'Humanité l'or qui lui est fort utile pour ses échanges, n'en déplaise à ceux qui le traitent de vil métal, et pour qui La Fontaine a écrit la fable du Renard et des Raisins. Elle fournit également la houille qui alimente notre plus puissant auxiliaire : la machine à vapeur.

Trois cas bien distincts se présentent : 1° celui des pays neufs où l'État est possesseur d'une grande partie du sol, comme en Australie, par exemple; 2° celui où les propriétaires de la surface sont réputés possesseurs du Tréfond, comme en Angleterre ; 3° celui où, comme en France, la législation fait une ventilation entre le prospecteur, le propriétaire foncier et l'État.

Dans les pays neufs et les régions inhabitées, il suffit, en général, de payer à l'État une faible redevance pour obtenir un permis autorisant la recherche sur toutes les terres domaniales et la récolte des minerais sur une surface que la loi fixe par tête de mineur. Comme prix de sa découverte, le mineur assez heureux et assez habile pour découvrir une région minière nouvelle, acquiert le droit de choisir et de s'approprier une mine dont la surface varie avec les législations, mais toujours très supérieure à celle que la loi accorde par tête de mineur.

Dans les vieux pays, complètement appropriés, la question n'est pas aussi facilement résolue. En Angleterre, la possession du sol entraine généralement celle du Tréfond, ce qui peut s'accorder avec les nécessités de l'Industrie Minière parce que le sol n'est pas morcelé. Ce système serait inapplicable en France par suite du morcellement ; aussi les mines sont-elles exploitées en vertu d'un acte de concession délibéré en Conseil d'Etat, qui règle les droits respectifs du propriétaire foncier, de l'inventeur ou prospecteur et du concessionnaire de la mine, et enfin de l'État lui-même.

## CHAPITRE VI. — INDUSTRIE MANUFACTURIÈRE.

*L'Industrie manufacturière est celle qui façonne et approprie à nos besoins les matières premières fournies par l'Agriculture et les Industries extractives.*

**Son organisation sociale aux diverses époques.** — Elle transforme le blé en pain, la laine et le coton en étoffes et ainsi de suite. Historiquement cette industrie présente trois phases : celle de l'esclavage, celle de la réglementation avec le régime corporatif et celle de la liberté.

**Esclavage antique.** — Laissons de côté *l'escla-*

*vage*, il est tombé en désuétude et condamné comme immoral.

**Régime corporatif.** — *Le régime corporatif*, originaire de Rome, mais renouvelé et développé au moyen âge, a vécu jusqu'en 1793. Turgot essaya de le supprimer; ses réformes furent éphémères; mais la Convention l'abrogea sur toute l'étendue du territoire français, et, partie de là, l'industrie libre s'est répandue dans les régions appartenant à la civilisation occidentale.

Se sentant faibles sous la féodalité, les artisans se groupèrent librement pour la défense des intérêts communs (l'union fait la force). Ils se donnèrent des règlements qu'ils firent confirmer sous forme de chartes privilégiées par les rois ou les suzerains locaux. S'inspirant en outre de l'esprit du temps ils se hiérarchisèrent. Chaque corporation comptait des apprentis, des ouvriers ou compagnons et des maîtres liés entre eux par des règlements minutieux et presque immuables, comme les relations du vassal et du suzerain. Peu à peu les fonctions industrielles devinrent des monopoles pratiquement héréditaires grâce aux formalités du chef-d'œuvre qui donnaient entrée à la Maitrise en vertu d'un examen où les maitres en exercice étaient seuls juges. De sociétés ouvertes qu'elles étaient à l'origine, les corporations devinrent peu à peu des sociétés fermées, des monopoles héréditaires. De défensives qu'elles étaient à l'origine, ces institutions devinrent agressives, elles se querellèrent entre elles, interdirent le travail à quiconque ne vivait pas sous leurs lois et finirent par s'interdire à elles-mêmes le progrès en étouffant toute concurrence et tout esprit d'initiative.

A l'époque de Louis XIV, les maîtres ès arts, devenus tout puissants par leurs monopoles, négligèrent leurs industries qui se développèrent peu, à l'exception des industries de luxe, et une grande misère prévalut dans le royaume, comme le constate Vauban. Au même moment, les seigneurs féodaux attirés à la cour négligèrent leurs terres et leurs vassaux, ce qui propagea encore la misère. Des souffrances du pays naquit la Révolution qui faucha simultanément les privilèges et les têtes des privilégiés.

Les lois économiques ne sont pas plus soumises aux caprices des hommes que celles de la chimie et de la physique. La concurrence est inéluctable comme la pesanteur. L'homme qui se laisse choir dans un précipice, se blesse ou se tue. Le peuple, la race ou la caste qui veut, par paresse, se soustraire à la libre concurrence et au travail, court à sa ruine. Si une ou deux générations échappent au châtiment encouru, il retombe plus terrible sur la génération suivante, comme en 1793. Tu gagneras ton pain à la sueur de ton front, dit la Genèse.

**Régime libéral.** — Seules, la liberté et la concurrence peuvent vivifier le travail, seules elles ont permis le développement de la *grande industrie* qui, puissamment secondée par les machines, a démocratisé le bien-être ; seules, elles ont permis au plus humble de sortir des rangs à force de travail. Dans ce siècle, nous avons vu les prix des objets de première nécessité baisser, la main-d'œuvre augmenter, la consommation et la production grandir, car toute baisse de prix amène nécessairement un accroissement de la demande. Au propre comme au figuré, quand le prix du pain blanc baisse, on mange moins de pain noir. Les travailleurs sont aujourd'hui mieux logés, mieux nourris et mieux vêtus qu'il y a un siècle. Les conditions hygiéniques des grandes usines modernes sont supérieures à celles des petits ateliers d'autrefois. Les admirateurs quand même du passé prétendent que la santé morale était meilleure sous l'ancien régime, mais leurs affirmations manquent de preuves certaines.

## CHAPITRE VII. — Industrie des Transports.

*L'Industrie des Transports* comprend les divers procédés employés pour transporter les marchandises et les voyageurs. Dans ce résumé, nous examinerons seulement les deux systèmes principaux : les chemins de fer et les transports maritimes.

**Utilité.** — Une richesse inaccessible n'est manifestement utile à personne et une richesse est d'autant plus utilisable et utilisée qu'elle est plus facilement accessible à beaucoup de personnes. Donc les transports développent l'utilité et par conséquent la valeur des richesses.

**Avantages.** — *Les principaux avantages* des

transports perfectionnés sont les suivants : Fret meilleur marché, sécurité plus grande, prix des marchandises moindres et plus uniformes, nouvelles régions ouvertes à l'industrie, transformation d'industries locales en industries d'intérêt général, extension des marchés. Nous désignons ici sous le nom de marchés toute région sur l'étendue de laquelle les différences de prix d'une marchandise quelconque sont nulles ou négligeables, grâce à la facilité des communications de façon que la concurrence s'exerce librement d'une extrémité à l'autre.

L'abaissement des prix est une conséquence directe de l'abaissement du fret et des assurances qui entrent pour une partie importante dans les prix des marchandises rendues à destination. L'histoire abonde en exemples des bons résultats produits par l'amélioration des transports. Turgot, nommé gouverneur du Limousin, s'attacha à l'entretien et à la création des routes et vit grandir rapidement la prospérité de cette province. La loi de 1836 sur les chemins vicinaux et la création des chemins de fer ont beaucoup contribué à l'accroissement de la fortune publique en France dans la deuxième moitié de ce siècle.

**Chemins de fer.** — *Les chemins de fer sont une industrie tantôt libre, tantôt contrôlée par l'État, tantôt exploitée par lui.* La liberté complète, qui est en général la bonne formule, perd ici de son efficacité, parce que les chemins de fer constituent inévitablement un monopole de fait, même quand ils ne constituent pas un monopole légal. En effet, les conditions topographiques du sol suffisent à empêcher la création d'un nombre indéfini de lignes parallèles et la concurrence ne peut pas s'exercer et jouer son rôle modérateur. Le nombre des lignes concurrentes est toujours assez faible pour qu'elles puissent à un moment donné se coaliser et constituer un monopole. Le fait s'est fréquemment passé aux États-Unis. A défaut de la libre concurrence qui ne peut pas exister, le contrôle de l'État donne d'assez bons résultats : il est appliqué en France. Certains gouvernements ont entrepris eux-mêmes la création et l'exploitation des chemins de fer. L'expérience a depuis longtemps prouvé que les monopoles d'État sont les plus onéreux et les travaux publics exagérés une source de ruine. Les crises économiques récentes d'un pays aussi favorisé par la nature que la Nouvelle-Zélande, devraient servir de leçon. Le fait s'explique : le fonctionnaire est volontiers honnête, mais il est bien moins opiniâtre au gain, bien plus exposé aux sollicitations et bien plus faible vis-à-vis du quémandeur que le représentant d'une compagnie commerciale. L'Etat doit donc se borner au rôle de contrôleur, veiller à la sécurité publique, ne jamais devenir entrepreneur de l'exploitation et même ne se faire constructeur que dans des cas spéciaux, comme quand un intérêt stratégique l'exige.

**Transports maritimes.** — Ici la concurrence

s'exerce librement, l'État n'a donc point à intervenir au point de vue du contrôle. Néanmoins il y a souvent avantage à ce qu'il autorise les villes et les Chambres de commerce à entreprendre les travaux des ports, quand l'industrie privée n'est pas assez puissante pour les exécuter. L'État doit en outre faire le nécessaire pour assurer les services postaux et le respect des règlements internationaux.

## CHAPITRE VIII. — LE COMMERCE.

**Son rôle.** — *Le commerce a pour but de tenir constamment les marchandises à la disposition des consommateurs et de même que l'industrie des transports il augmente la valeur de ces marchandises en les rendant plus accessibles.*

**Régimes successifs.** — Dans l'industrie commerciale les monopoles ont les mêmes résultats et les mêmes inconvénients que dans l'industrie manufacturière et le régime de la liberté a la même influence. Aussi l'industrie commerciale a traversé les mêmes phases que l'industrie manufacturière, on a vu les Corporations succéder à l'Esclavage et le Régime libéral succéder aux Corporations.

**Grands et petits magasins.** — La comparaison entre le grand et le petit commerce et entre les grands et les petits magasins tourne à l'avantage des grands magasins dont la supériorité sur les petits est comparable à la supériorité de la grande sur la petite industrie. Les grands magasins peuvent offrir au public des prix de détail réduits, car ils sont assez puissamment organisés pour acheter en gros directement au producteur et vendre en détail directement au consommateur, réduisant ainsi le nombre des intermédiaires. La suppression complète des intermédiaires est une utopie antiéconomique, contraire à la division du travail ; mais il ne faut pas les multiplier inutilement, puisque chaque transmission supplémentaire grève le prix de revient final de la marchandise. Le mieux est de n'avoir qu'un seul intermédiaire.

Les commerces ayant jusqu'ici échappé à la concurrence des grands magasins, comme le commerce des vins, voient s'échelonner des séries de négociants en gros, en demi-gros et en détail, réunies par des courtiers, et ce personnel trop nombreux ne permet pas aux consommateurs de profiter de la baisse énorme qui s'est produite depuis quelques années dans les pays producteurs de vins. Les grands magasins évitent au consommateur les déplacements inutiles, utilisent bien la main-d'œuvre et diminuent les frais généraux. On leur a reproché de tuer les petits commerçants, c'est inexact ; ils laissent subsister les concurrents qui consentent à approvisionner le public à bon marché et ils développent des commerces accessoires. Le mouvement commercial s'est accru dans le quartier qui entoure les magasins du *Bon Marché* depuis leur création.

On a reproché aux grands magasins d'être une tentation pour la coquetterie des femmes ; il ne serait pas plus illogique de rendre les vignerons responsables des excès des ivrognes.

---

# TROISIÈME PARTIE

## CIRCULATION DES RICHESSES

---

### CHAPITRE PREMIER. — L'ÉCHANGE.

*L'Échange* est la manifestation la plus expressive de l'activité humaine, il est en même temps l'agent le plus efficace de la transmission des idées et le véhicule le plus puissant de la sociabilité et de la civilisation.

**Considérations générales sur l'échange.** — La notion de l'Échange est une des premières qui se forme dans le cerveau de l'enfant qui l'exprime sous cette forme antigrammaticale mais claire : Donne-moi de quoi que t'as et je te donnerai de quoi que j'ai.

C'est une des notions qui distingue le plus l'homme de l'animal. Nous voyons en effet des animaux avec une organisation sociale complexe et développée, comme les abeilles et les fourmis ; nous voyons des animaux posséder des aptitudes qui touchent presque à l'art industriel, comme les castors. Nous en voyons manifester une grande intelligence et une remarquable habileté dans l'exécution des travaux qu'on leur enseigne, comme les éléphants ; la prévoyance et l'épargne, la justice ne leur sont pas totalement inconnues et ainsi de suite...., mais nous ne connaissons pas d'exemple de trafic chez les animaux.

Après avoir étudié le commerce dans quelques-unes de ses manifestations concrètes, il nous faut examiner l'*Échange en lui-même* au point de vue de son rôle social et des lois qui le régissent.

**Son rôle industriel.** — *L'Échange est le complément de l'Industrie et la source même de sa vie.* — En effet, des richesses inaccessibles ne servent à rien et sans l'Échange beaucoup de Richesses resteraient inaccessibles à la majorité des humains. Certaines industries sont nées de l'échange : les chiffonniers fournissent à l'industrie des jouets et à la papeterie les vieilles boites de conserves jadis sans emploi, des vieux chiffons autrefois mis au feu ou au fumier.

**Son rôle social.** — *L'Échange contribue puissamment à la Sociabilité et à la paix.* — Les Phéniciens, ces convoyeurs de l'antiquité qui ont mérité de l'historien Josèphe le nom de marchands divins, portaient sur leurs navires aux peuples qu'ils visitaient non seulement les produits de leur industrie et de leur commerce, mais aussi leur science et leur civilisation ; aussi leur prestige maritime et leur puissance commerciale ont-ils plusieurs fois survécu à leurs défaites politiques. Par contre, des rivalités et des restrictions commerciales ont préludé aux guerres Puniques. — Des rivalités commerciales ont constamment troublé la paix des riches et puissantes républiques italiennes du Moyen Age : Venise, Florence, Gênes, Pise, jusqu'au jour où l'Europe fatiguée de leur intolérance commerciale résolut de s'affranchir de leur tyrannie et s'élança sur les mers où elle trouva un nouveau continent et les routes maritimes de l'Extrême-Orient. — Le Zollwerein allemand n'a-t-il pas précédé et préparé l'unité de l'empire d'Allemagne ?

**Bénéfice réciproque par l'Échange.** — *L'Échange doit être libre, l'échange libre procure un bénéfice réciproque;* en effet, suivant la judicieuse remarque de Stanley Jevons, chacun échange ce qui pour lui est relativement superflu contre ce qui lui est relativement nécessaire. Cette opinion n'a pas toujours prévalu : on a cru longtemps que dans tout échange il y avait forcément une dupe et un exploiteur et que le bénéfice de l'un résultait forcément de la perte de l'autre ; c'est cette opinion qui a conduit le gouvernement espagnol à sa ruine en lui inspirant toutes les restrictions commerciales imposées à son commerce colonial au moment même où sa puissance et sa fortune dominaient le monde entier. Les adversaires de l'Échange nient son utilité sous prétexte que la nature même et la valeur intrinsèque d'un objet ne changent pas quand l'objet change de mains. C'est une remarque digne de M. de la Palisse, mais qui ne prouve rien. L'homme qui échange n'a pas à examiner la valeur théorique, intrinsèque, l'utilité absolue et générale des marchandises qu'il échange, mais seulement leur valeur temporaire et *leur utilité présente* à son point de vue personnel. S'il a beaucoup de blé il aura peut-être le désir d'avoir des pommes de terre et *vice versa*, et les deux contractants ont lieu d'être satisfaits d'un contrat s'ils ont chacun réussi à mieux satisfaire leurs besoins et leurs désirs respectifs.

Toutes les parties d'un approvisionnement n'ont pas valeur égale pour leur possesseur : quand un cultivateur, par exemple, a mis à part la quantité de blé dont il a besoin pour nourrir sa famille, il pourra trouv[illegible] intérêt à échanger le surplus contre du vin pour améliorer la nourriture des siens. Cependant, d'une façon absolue, le blé est plus indispensable à l'alimentation que ne l'est le vin, et ce serait folie de sa part que d'échanger son blé contre du vin dans des proportions assez grandes pour s'exposer à manquer de la première denrée.

**Évolution dans l'échange.** — *L'Échange tend de plus en plus à la généralisation et à la concentration.*

Avec les perfectionnements de l'industrie et surtout de l'industrie des transports, les échanges se font entre points plus éloignés. Autrefois les marchés se réduisaient, faute de communications suffisantes, à des foires locales ; aussi pouvait-on voir, dans un même pays, disette en un point et pléthore dans un autre. A l'extension des relations commerciales correspondent les phénomènes suivants : consommation et production plus grandes, prix plus bas et plus uniformes.

D'autre part, les opérations se concentrent en moins de mains ; il y avait autrefois des séries d'intermédiaires qui tendent à disparaitre pour être remplacées par un intermédiaire unique achetant en gros et vendant au détail, mettant à lui seul les producteurs en communication avec les consommateurs.

**Colonisation.** — *Les conséquences de l'expansion commerciale sont multiples*, une des plus importantes est la *colonisation*, par laquelle les peuples industriellement avancés cherchent à se créer des débouchés dans des pays imparfaitement outillés. Une autre est le développement indirect d'une industrie par une industrie connexe : l'industrie sucrière dans le nord de la France a beaucoup développé l'industrie agricole.

**Conditions nécessaires au progrès des Echanges.** — *Les conditions à remplir pour développer l'échange* sont les suivantes : exactitude, régularité, rapidité, *sécurité*. L'ouverture du canal de Suez, en permettant de remplir les conditions propres à développer dans une proportion considérable les relations de l'Europe avec l'Extrême-Orient a réalisé pour le Commerce international les conditions que nous venons de citer et a provoqué une augmentation considérable de trafic, accompagnée d'une baisse de prix. En résumé, tout débouché qui se crée donne à l'Échange plus de puissance et plus d'activité, accroît la production et sert de point de départ à des débouchés nouveaux.

**Limite naturelle.** — *Y a-t-il une limite à l'Échange?* Oui, il y a une limite naturelle. L'échange ayant pour but d'obtenir les richesses avec un minimum d'effort cesse quand la production sur place coûte moins que l'achat additionné avec les frais de transport.

*On a prétendu que l'Échange était une œuvre purement égoïste.* L'histoire prouve, comme nous l'avons vu plus haut, que c'est une œuvre de sociabilité et de paix sociale, et qu'elle est par conséquent humanitaire.

Comme conclusion à ce chapitre, nous pourrons donner la devise inventée par Gournay, un des chefs de l'école des physiocrates : *Laissez faire, laissez passer*, car, comme disait Bastiat, les intérêts sont harmoniques.

## CHAPITRE II. — VALEUR, OU MIEUX VALEURS.

On donne le nom de valeur à plusieurs quantités que nous allons examiner séparément et qu'on a trop souvent confondues.

Nous classerons les valeurs comme suit :

1° *Valeur intrinsèque;*

2° *Valeur temporaire;*

3° *Valeur relative ou d'échange;*

4° *Valeur vénale ou prix;*

5° *Valeur coûtante ou prix coûtant;*

6° *Valeur courante, permanente ou naturelle ou prix courant.*

**Valeur intrinsèque.** — *La valeur intrinsèque réside dans l'utilité absolue de la chose considérée.* C'est une qualité inhérente à la chose elle-même. La valeur intrinsèque d'un hectolitre de blé, par exemple, mesure la quantité de nourriture que cet hectolitre de blé peut fournir.

**Valeur temporaire.** — *La valeur temporaire résulte de l'utilité et de la rareté.*

Certains objets d'une valeur intrinsèque médiocre comme les perles et les diamants ont une valeur temporaire considérable parce qu'ils sont très recherchés en raison des désirs que leur rareté laisse inassouvis. Si une mine de diamant venait à s'ouvrir, aussi abondante qu'une mine de charbon, la valeur intrinsèque du diamant resterait la même; ce serait encore un objet d'ornement, mais sa valeur temporaire diminuerait beaucoup en raison de la facilité avec laquelle on pourrait s'en procurer, et de la petitesse des désirs restant inassouvis.

On voit donc que la valeur intrinsèque est une qualité inhérente à la richesse considérée; que la valeur temporaire est une qualité relative dépendant des besoins temporaires des consommateurs, et ceci nous conduit à l'étude des valeurs relatives.

**Valeur d'échange.** — La valeur d'échange résulte de la *comparaison ou plus exactement du rapport* *des valeurs temporaires* Si, à un moment déterminé, et dans un pays donné, les hommes pensent que six moutons valent autant qu'un bœuf et huit moutons autant qu'un cheval, les échanges qui résulteront des convenances personnelles de chacun se feront naturellement dans la proportion de six moutons pour un bœuf, de huit moutons pour un cheval, et *la valeur d'échange sera exprimée par un rapport.* Ce rapport sera pour le mouton comparé au bœuf, 1/6 ; pour le mouton comparé au cheval, 1/8; et pour le bœuf comparé au cheval, 6/8.

**Prix.** — Quand une certaine marchandise a été adoptée dans un pays comme commune mesure des valeurs, on la désigne sous le nom de monnaie, et *le prix n'est autre chose que la valeur d'échange des diverses marchandises comparées à la monnaie.* Le prix étant une valeur d'échange est exprimé par un rapport. En France, une boîte d'allumettes coûte 10 ou 15 centimes, c'est-à-dire 10/100 ou 15/100 de un franc, unité de monnaie. Un bœuf vaut environ 300 ou 400 francs, ce qui veut dire que la valeur temporaire d'un bœuf est la valeur temporaire du franc dans le rapport de 300 ou 400 à un. L'influence de la rareté sur les prix prend le nom de *loi de l'offre et de la demande.*

**Loi de l'offre et de la demande.** — Si les habitants d'une région quelconque *désirent peu* une marchandise, du blé, par exemple, quand ils ont eu une bonne récolte, que leur approvisionnement est fait, *ils la recherchent peu ;* on dit alors que la demande diminue et les prix baissent. Si, au contraire, les approvisionnements sont insuffisants, la marchandise est recherchée et la demande augmente, les prix haussent. L'offre dépend de la plus ou moins grande facilité que les marchands éprouvent à se procurer la denrée en question ou les producteurs à la fabriquer. Pour que l'équilibre s'établisse, que les prix restent stationnaires, il faut que, pour un prix déterminé, l'offre et la demande correspondent. On dit donc *que les prix dépendent de la loi de l'offre et de la demande*. Cette transition nous amène à examiner les prix courants et coûtants.

**Prix coûtants et prix courants.** — *Le prix coûtant ou prix de revient d'un objet est la somme exprimée en numéraire, absorbée par les trois éléments de la production : matière première, travail et capital. Le prix courant est le prix auquel on trouve habituellement à acheter cet objet.* Quand la concurrence a son libre cours, le producteur est forcé de se contenter d'un bénéfice modéré et il y a un faible écart entre le prix courant et le prix coûtant. Le prix coûtant et le prix courant tendent à se rapprocher l'un et l'autre d'un prix presque fixe qu'on nomme quelquefois *prix permanent ou naturel*. C'est ce qui a pu *induire en erreur un esprit aussi brillant que celui de Ricardo et lui faire dire que le prix d'une richesse quelconque dépendait du travail nécessaire à la produire*. Cette pensée de Ricardo est erronée de plusieurs manières : d'abord Ricardo négligeait deux éléments sur trois de la production, la nature et le capital. Secondement, ce qui se produit en réalité, est à peu près l'inverse de ce que disait Ricardo. A chaque prix considéré correspond un certain nombre d'acquéreurs assez riches pour demander la marchandise offerte : plus simplement, à chaque prix courant correspond une certaine clientèle et cette clientèle est d'autant plus nombreuse que le prix est plus bas. **C'est la clientèle qui fixe son prix et non pas le Producteur.**

Il existe dans chaque région une échelle de demandes en proportion des prix, qui dépend de la richesse publique. Un entrepreneur prudent ne doit se mettre à fabriquer que s'il peut livrer une marchandise à un prix satisfaisant une clientèle non encore pourvue. On voit au contraire certains inventeurs plus persévérants que sages poursuivre pendant des années la construction d'un mouvement perpétuel, par exemple, dont personne ne donne un prix quand il est terminé et cela malgré tout le travail dépensé.

Pour gagner de l'argent, l'industriel doit régler ses prix de revient ou prix coûtants sur les prix courants pratiqués dans sa région. S'il tente l'inverse, il court à sa ruine.

Prenons un exemple : supposons un entrepreneur inventif qui trouve le moyen de simplifier le travail exigé pour fabriquer un produit sans que la matière première ou le capital nécessaires changent, il pourra vendre le produit à un prix inférieur au prix courant pratiqué jusqu'alors ; il va donc se trouver en présence d'une nouvelle clientèle plus étendue, qu'il pourra satisfaire parce que ses nouvelles offres correspondront à la demande de cette clientèle. Mais, la demande et la clientèle existaient l'une et l'autre, bien qu'on n'ait pas pu les satisfaire auparavant; et notre homme n'a pas plus imposé le nouveau prix courant qu'il n'a créé les hommes constituant sa clientèle; il a, au contraire, trouvé le moyen de réduire ses prix de revient de façon à satisfaire la clientèle. Nous verrons, en étudiant les marchés, comment le nouveau prix courant réduit va devenir général.

Mais, dira-t-on, si un commerçant obtenait un monopole absolu, il pourrait fixer les prix courants à sa guise; c'est inexact. Il pourra certainement, dès qu'il sera débarrassé de la concurrence, élever ses prix, mais à chaque hausse de prix correspondra une diminution dans la clientèle et il arrivera un moment où la diminution du nombre des clients compensera et au delà la hausse des prix. Notre homme sera donc forcé, pour ne pas voir diminuer ses bénéfices, de ne pas dépasser certains prix courants qui dépendent du nombre, des besoins et de la fortune des consommateurs. Les prix courants dépendent donc d'un marchandage entre les producteurs et les consommateurs, désigné sous le nom de loi de l'offre et de la demande, marchandage dans lequel, en règle générale, ce sont les consommateurs et non pas les producteurs qui ont voix prépondérante. Bien des commerçants se sont ruinés en voulant imposer aux clients leurs prix courants : bien des gouvernements ont vu leurs revenus diminuer pour avoir fait supporter à certaines marchandises des impôts exagérés qui ont provoqué dans la consommation une diminution telle que le rendement de l'impôt a été moindre après qu'avant l'augmentation des taxes.

**Influences diverses.** — Nous examinerons rapidement diverses circonstances qui influent sur les valeurs ou s'y rattachent : *les Marchés, l'Échange, les Monopoles, les Lois fiscales et douanières, la Spéculation, le Jeu, le Maximum, la Mode, l'Accaparement, la Baisse des prix, l'Élasticité de la Demande.*

**Marchés.** — On appelle *Marché* toute région où les communications sont assez faciles pour que les prix courants soient connus sans délai d'un point à un autre et pour que les différences dans les frais de transports soient négligeables. Dans un marché, la concurrence et le marchandage font, chacun cherchant à se renseigner et à s'approvisionner pour le mieux, qu'il n'y a pas *deux prix différents pour deux marchandises identiques.*

*L'Échange* peut donner de la valeur à une richesse momentanément inutile, parce que ce qui est inutile aux uns peut être utile aux autres. Robinson dans son île n'avait que faire de pépites, jusqu'au jour où des voyageurs l'accostèrent.

**Monopoles.** — *Les Monopoles* poussent à la hausse des prix, en vertu de la loi de l'offre et de la demande.

Un monopoleur en élevant les prix fait diminuer le nombre des clients, mais majore le bénéfice qu'il fait sur chacun d'eux ; il peut avoir intérêt à élever les prix dans une certaine mesure : la concurrence le forcerait à baisser ses prix courants pour attirer la clientèle à lui.

**Protection.** — *Les Lois fiscales ou douanières* qui encouragent ou protègent des industries existantes, créent *pro tempore* de véritables monopoles avec tous leurs inconvénients.

**Spéculation.** — *La Spéculation* qui consiste à prévoir les mouvements de hausses et de baisses naturelles des prix en raison de l'accumulation ou de l'épuisement des existences est avantageuse. Elle assure l'écoulement progressif des marchandises dans les moments d'abondance et les réservent pour les périodes de disette, elle agit comme un volant régulateur des mouvements.

**Jeu.** — *Le Jeu* qui consiste dans l'achat de marchandises imaginaires avec des capitaux fictifs est nuisible.

**Maximum.** — *Les Lois de Maximum* sont des artifices politiques dont l'action économique est forcément illusoire, puisque ces moyens n'agissent ni sur l'offre ni sur la demande.

**Mode.** — *La Mode* a une action décisive sur les prix, puisqu'elle a une action directe sur la demande.

**Accaparements.** — Avec la facilité des communications modernes *les Accaparements* deviennent presque impossibles. Le krach des cuivres en a récemment fourni une preuve.

**Baisse des prix.** — On dit que la valeur des objets de première nécessité baisse : on devrait dire plus exactement que les prix baissent. Est-ce un signe de misère ou de richesse ? Cela dépend : si cette baisse provient de perfectionnements dans la fabrication, c'est bon signe ; si elle est due à l'abandon par la population, de certaines habitudes de bien-être, c'est une preuve de misère. *Il n'y a pas à proprement parler de baisse universelle des prix*, puisqu'on juge par comparaison. Quand un phénomène de ce genre se produit, c'est qu'il y a une surproduction correspondante du numéraire servant de commune mesure.

**Élasticité de la demande.** — Suivant l'utilité plus ou moins grande d'une marchandise, la demande est plus ou moins élastique. Elle l'est très peu pour les matières d'une grande valeur intrinsèque ; elle l'est beaucoup plus pour les objets de luxe. Une insuffisance de 1/3 dans la récolte du blé amène une hausse de prix supérieure à 1/3 ; il n'en est pas de même pour une insuffisance correspondante dans une récolte comme le vin ou le café, parce que la consommation se restreint plus facilement et que la demande décroît en conséquence.

## CHAPITRE III. — La Monnaie.

**Définition. —** *La Monnaie* **est une marchandise portative commode à manier, universellement adoptée dans un pays qui sert d'intermédiaire dans les échanges et d'unité de mesure pour la valeur des autres marchandises.**

**Utilité. —** Pourquoi prend-on une marchandise intermédiaire au lieu d'avoir recours au troc qui résulte de l'échange de deux ou de plusieurs marchandises quelconques ? Il y a à cela trois motifs principaux. Le premier est le manque de coïncidence des besoins réciproques. Un homme qui a du blé et qui a besoin de vin peut se trouver en face d'un autre qui a du vin, mais qui a besoin de foin, ou d'un second qui a besoin de blé, mais qui dispose seulement de bestiaux, et ainsi de suite.

Le deuxième motif est la nécessité d'adopter une unité de mesure pour la valeur. L'Humanité a choisi des unités de mesure pour les longueurs, les surfaces, les volumes, les poids, etc., afin de simplifier ses calculs et ses échanges ; elle a de même choisi des unités pour la valeur. On comprend aisément combien serait compliqué un barème d'échange dans lequel chaque marchandise serait cotée en fonction de toutes les autres ; où un hectolitre de blé serait coté non pas seulement en francs et centimes, mais en hectolitres d'avoine, de vin, d'huile, en kilogrammes de pain, de viande, en tonnes de houille, etc., etc., etc. La mémoire humaine n'y suffirait pas. L'échange conserverait ce caractère d'incertitude qui complique les relations commerciales des hommes primitifs et qui ouvre une large porte à la fraude et à l'intimidation, ces compagnes des palabres sauvages.

Le troisième motif est le manque de divisibilité de beaucoup de marchandises. Le tailleur ne saurait donner chaque jour au boulanger un morceau d'habit en échange de son pain quotidien, pas plus que le maçon ne pourrait donner un morceau de mur.

**Conditions à remplir.** — *Quelles sont les conditions que doit remplir une bonne monnaie?* Cette marchandise doit être universellement acceptée et facilement reconnaissable, divisible et homogène, d'une valeur presque invariable, portative et précieuse, enfin presque indestructible.

**La divisibilité et l'homogénéité** doivent aller de pair, car si la composition variait d'un point à un autre la matière pourrait être divisible au point de vue mécanique; mais, à poids égal, les morceaux n'auraient plus la même valeur.

**L'invariabilité est la condition** *sine qua non*, commune à tous les étalons de mesure. Pour la facilité des échanges, il est nécessaire que la monnaie soit facile à transporter et, par conséquent, qu'elle possède une grande valeur sous un faible poids et sous un faible volume, ou en d'autres termes, il faut que ce soit une matière précieuse.

Si la monnaie n'était pas presque indestructible,

elle perdrait à un moment donné tout ou partie de sa valeur.

Pour être universellement acceptée, il faut que la monnaie soit susceptible de recevoir des empreintes qui permettent de la reconnaître à première vue, et par conséquent qu'elle soit constituée par une **matière malléable.**

Les métaux dits métaux précieux, notamment l'or et l'argent, répondent pratiquement aux conditions stipulées et ont été généralement adoptés comme matières monétaires. On emploie quelquefois le platine et pour les monnaies divisionnaires on utilise le nickel et le bronze.

**Aperçu historique.** — L'histoire fait déjà mention de l'emploi des métaux précieux comme monnaie chez les Assyriens et chez les Égyptiens. Ces peuples employaient des anneaux métalliques faciles à transporter et à peser. Ces anneaux constituaient la monnaie pondérable qui était encore incomplète puisque l'on ne pouvait pas la compter et qu'il fallait la peser. Au VI^e^ siècle avant notre ère, on trouve chez les colonies grecques de l'Asie mineure la monnaie véritable. Elle est composée de disques de métaux précieux, d'un poids, d'une valeur et d'un aspect uniformes, portant des empreintes qui les font reconnaître et qui constituent la marque et la garantie légales de leur poids et de leur titre. On n'a donc plus besoin de les peser et on peut se contenter de les compter.

Depuis cette époque reculée, les empreintes ont

changé, les empires ont succédé aux empires, des civilisations sont nées, ont prospéré, ont disparu, mais le système n'a pas varié ; nous employons encore de nos jours des petits disques d'or et d'argent. En France, ces disques contiennent neuf dixièmes d'or et d'argent fin et un dixième d'alliage de cuivre. Les principaux sont : la pièce de 5 francs en argent, qui pèse 25 grammes, et la pièce de 20 francs en or, qui pèse environ 6 grammes 1/2. La pièce de 10 francs en or pèse moitié moins que la pièce de 20 francs. Les pièces de 2 francs, 1 franc et 50 centimes en argent pèsent respectivement 10 grammes, 5 grammes et 2 grammes 1/2, mais n'ont pas le titre de 9/10 et sont en réalité des monnaies d'appoint dont on ne peut fournir qu'une quantité, limitée par la loi à 50 francs, pour se libérer d'une dette. On emploie également les pièces de 0 fr. 10 et de 0 fr. 05 qui représentent légalement le dixième et le vingtième de la valeur du franc. Cette monnaie de billon n'a valeur libératoire que jusqu'à concurrence de 5 francs. Enfin, on trouve dans la circulation quelques pièces d'or de 100 francs, de 50 francs, de 40 francs et de 5 francs et quelques pièces d'argent de 0 fr. 20.

**La monnaie n'est pas un signe conventionnel de la Richesse.** — *La monnaie est réellement une marchandise ayant une valeur intrinsèque et une valeur d'échange*, et non pas un signe conventionnel de la richesse, comme l'ont cru certains spéculateurs et certains gouvernements ; la preuve en est que toutes les tarifications arbitraires et toutes les émissions de monnaie dépréciée tentées par les gouvernements depuis l'empereur Dioclétien jusqu'à nos jours ont manqué leur but et n'ont eu d'autre résultat que d'amener une hausse générale des prix, ce qui équivaut à une baisse générale de la monnaie. Quand une monnaie dépréciée apparait, il se produit deux phénomènes successifs.

**Loi de Gresham.** — 1° *La mauvaise monnaie chasse la bonne;* 2° la mauvaise monnaie se déprécie ou plutôt les prix augmentent. Gresham a le premier formulé cette loi que la mauvaise monnaie chasse l'autre. Le fait tient aux circonstances suivantes ; les spéculateurs toujours à l'affût des moindres bénéfices profitent de l'ignorance temporaire du public pour accaparer la bonne monnaie qu'ils amassent, exportent ou fondent au mieux de leurs intérêts. La mauvaise monnaie reste maîtresse de la place, mais le public finit par savoir à quoi s'en tenir et ne la prend que pour sa valeur d'échange réelle et non pour sa valeur nominale : c'est alors que les prix augmentent.

On a vu une hausse universelle des prix s'étendant à tout le monde civilisé à deux époques de notre ère. Le premier de ces mouvements s'est produit après la découverte de l'Amérique par Christophe Colomb, quand les métaux précieux, arrachés aux temples des Aztèques et des Incas par les conquérants espagnols ou provenant des mines exploitées, entrèrent dans la circulation. Le second de ces mouvements, plus récent, date de 1848, époque où les mines d'Australie et de Californie ont lancé sur le marché des quantités considérables d'or et d'argent. Ces deux événements sont des exemples frappants du fonctionnement rigoureux de la loi de l'offre et de la demande.

**Monométallisme et bimétallisme.** — Une controverse très importante s'est élevée de nos jours entre les partisans du **monométallisme et du bimétallisme.** Le monométallisme est le système qui consiste à n'admettre comme monnaie ayant valeur légale libératoire qu'une seule monnaie, celle d'or ou celle d'argent, et à ne considérer l'autre que comme une monnaie d'appoint, ne pouvant figurer dans chaque paiement que pour une faible somme fixée par les lois.

Les bimétallistes admettent l'emploi simultané des deux monnaies considérées toutes deux comme ayant valeur libératoire et acceptent un rapport légal, défini et constant pour la valeur relative de l'unité de poids des deux métaux. Le monométallisme argent existe dans l'Inde; le monométallisme or existe en Angleterre ; on y trouve, il est vrai, non seulement des livres sterling en or, mais aussi des shillings en argent. Ces derniers sont, comme nous l'avons expliqué plus haut, de simples monnaies d'appoint. Le bimétallisme règne en France où l'on peut se libérer d'une dette aussi bien avec des pièces de 5 francs en argent qu'avec des pièces d'or. La valeur légale du gramme d'or est fixée d'une façon invariable pour les monnaies à 15 fois et demie celle de l'argent. Le monométallisme constitue une charge pour le pays, toutes les fois que le métal monétaire subit une dépréciation ; dans le cas contraire, il se traduit par un avantage. L'Inde souffre en ce moment de la dépréciation du métal argent. La baisse de l'argent a deux causes ; d'abord une augmentation de l'offre due à l'ouverture de mines très riches depuis un demi-siècle et ensuite à une diminution de la demande due à un changement de mode et, comme nous allons le voir tout à l'heure, au progrès récent des instruments de solde. Le public veut aujourd'hui des monnaies très portatives. Les habitants de nos campagnes, il y a cinquante ans, employaient généralement les pièces de cinq francs en argent et peu de pièces d'or ; aujourd'hui l'usage des pièces d'or est général, à tel point que la Banque de France voit revenir ficelés, plombés et intacts, pour être changés contre des billets, les sacs contenant les pièces d'argent dont elle se sert pour faire des paiements.

Le bimétallisme met un pays dans une situation critique, quel que soit celui des deux métaux dont la valeur relative baisse ; au moindre écart entre la valeur relative légale et la valeur relative commerciale des deux métaux, la loi de Gresham fonctionne et si le pays a des remises à faire à l'Étranger, c'est le métal jouissant d'une plus-value qui s'exporte. On a cherché des palliatifs à cette situation : le plus usité consiste à reculer les frontières où la loi de Gresham commence à s'exercer en formant une union monétaire entre plusieurs pays.

**Union latine.** — Ainsi s'est formée l'union latine entre la France, la Belgique, l'Italie, la Suisse et la Grèce qui ont admis la libre circulation réciproque de leurs monnaies métalliques frappées toutes à un titre uniforme et qui ont limité la frappe du métal déprécié. L'union scandinave a suivi l'exemple de l'Union latine.

La quantité de monnaie nécessaire à un pays est très difficile à estimer correctement par suite de deux phénomènes contradictoires liés à la prospérité publique. Quand la prospérité publique augmente, le mouvement des affaires suit la même marche et la demande ainsi que les besoins de numéraire augmentent, mais le crédit grandit en même temps et permet, comme nous allons le voir, d'économiser l'emploi d'une grande quantité de numéraire. Dans les pays prospères comme la France et l'Angleterre, le numéraire en circulation représente à peine le dixième et parfois le vingtième du chiffre des transactions.

## CHAPITRE IV. — LE CRÉDIT.

**Définition.** — *On donne le nom de Crédit à l'ensemble des moyens basés sur la confiance qui servent à transférer d'un homme à un autre et d'un point à un autre la jouissance des capitaux.* Ainsi un capitaliste prête à un entrepreneur des fonds pour ses travaux, c'est une opération de crédit; un créancier accorde à son débiteur un délai de paiement, c'est encore une opération de crédit; un fournisseur livre à un client une marchandise payable en plusieurs mensualités, c'est encore une opération de crédit.

**Instruments de crédit.** — *Passons en revue les principaux instruments de crédit ou effets de commerce.* Le plus simple est le *billet à ordre*, par lequel le débiteur s'engage à verser à son créancier, à une date fixée sur le billet, la somme due par lui.

**Lettre de change.** — *Le plus complet des instruments de crédit est la lettre de change ou traite.*

Par la lettre de change, le créancier A donne à son débiteur B l'ordre de remettre à une troisième personne C à une date fixée sur la traite, la somme qui est due. Ces instruments doivent représenter le règlement d'une marchandise réellement livrée. Les effets de commerce n'ont donc pas, comme on l'a quelquefois cru à tort, une valeur fictive; ils représentent réellement des marchandises. On nomme A le tireur, B le tiré, C le bénéficiaire. Dans la pratique, les lettres de change passent souvent de mains en mains par voie d'endossement. B au lieu de garder la lettre jusqu'à la date du paiement la vend à D et signe au dos de la lettre un nouvel ordre transférant le payement à l'ordre du nouveau bénéficiaire; D peut de même négocier la lettre de change à une cinquième personne F, et ainsi de suite. La lettre de change peut circuler autant de fois que les détenteurs successifs ont besoin de réaliser la somme représentée par la traite. Acheter une traite se dit en langage commercial l'escompter. L'escompte est la différence entre la valeur nominale de la traite à son échéance et le prix auquel l'escompteur l'achète.

**Chèque.** — *Le chèque* diffère de la lettre de change en ce qu'il est toujours payable à vue. De là, la nécessité légale pour le tireur d'avoir une provision chez le tiré, c'est-à-dire une créance liquide contre ce dernier. Le chèque peut être tiré payable au porteur et il est d'ordinaire payable par un banquier ou une société de crédit. Au point de vue fiscal, le chèque est seulement passible d'un timbre fixe : la traite au contraire et le billet à ordre sont soumis à un timbre proportionnel. *Les chèques barrés* sont des chèques dont le paiement ne peut être effectué qu'entre les mains de personnalités déterminées ; en Angleterre, ils sont seulement payables à des banquiers ; en France, ils sont payables à des banquiers ou des officiers ministériels. Le bénéficiaire est donc obligé de faire passer un chèque de ce genre au moyen d'un ou de plusieurs endossements successifs entre les mains d'une personnalité connue. Ces opérations laissent des traces telles que les détournements sont pratiquement presque nuls.

**Mandat.** — Le mandat de la Banque de France n'est pas échangeable contre du numéraire, il ne sert qu'à opérer les virements ; il consiste en un ordre donné sur une formule *ad hoc*, ressemblant à un chèque, par le possesseur d'un compte courant à la Banque de France de porter au débit de son compte et au crédit d'un autre compte courant une somme indiquée. Ce mode de règlement est très fréquent entre banquiers.

**Warrant.** — *Le Warrant*, très usité en Angleterre, est un certificat constatant le dépôt dans un entrepôt d'une certaine quantité de marchandises spécifiées. Ce warrant constitue un titre établissant la propriété de la marchandise en entrepôts, titre qui est transmissible par endossement comme une lettre de change.

*Nous voyons que les instruments de crédit ne sont pas des signes conventionnels de la richesse*, mais bien des titres authentiques donnant sous diverses formes droit à la possession de richesses réelles et tangibles.

**Billet de banque.** — Tous les instruments ci-dessus énumérés circulent avec la garantie des tireurs, tirés et endosseurs ; ils rendent des services considérables dans le monde des affaires, mais ils sont trop compliqués pour circuler dans le public. Pour qu'un instrument de crédit puisse devenir d'un usage général, il doit nécessairement posséder un caractère d'authenticité universellement admis et connu. C'est le résultat qu'on obtient avec le billet de banque. Une institution de crédit ayant la confiance du public tout entier, comme la Banque de France, réescompte aux commerçants et aux banquiers leurs effets de commerce et leur donne en échange des billets qui circulent sous sa seule garantie, qui sont payables par elle à vue et au porteur et qui se transmettent par simple tradition. *On voit donc que les billets de banque sont réellement quoique indirectement des effets garantis par des marchandises ou des capitaux en circulation et nullement des signes conventionnels de richesse;* car ils ne viennent pas s'ajouter aux autres instruments de crédit, mais ils se substituent simplement à eux dans un but de commodité.

**Rôle du crédit.** — *En résumé, le crédit ne crée pas des capitaux; il sert seulement à les mobiliser.* Nous verrons en étudiant les banques qu'elles devraient toujours avoir une réserve de numéraire suffisante pour en fournir au public suivant ses besoins à guichet ouvert.

**Cours légal.** — En vertu du privilège constituant le *cours légal*, le billet de banque a légalement la même valeur libératoire que la monnaie et peut être employé au lieu et place de cette dernière ou concurremment avec elle dans un paiement quelconque; mais la Banque est tenue de les rembourser en espèces sonnantes à première présentation. Il en résulte que si la garantie des billets de banque réside directement dans les effets de commerce et indirectement dans les marchandises en circulation, le numéraire en réserve dans les banques doit représenter un solde disponible capable de suffire à tous les besoins immédiats.

**Cours forcé.** — Quand une crise sévit, les gouvernements font généralement main basse sur les réserves des banques et leur octroient en même temps le privilège du *cours forcé* en promulguant une loi en vertu de laquelle les billets de banque peuvent circuler dans toute l'étendue du territoire avec la même valeur libératoire que la monnaie bien que la Banque soit relevée momentanément de l'obligation où elle était de rembourser ses billets à vue. Même dans ce cas, si la Banque était assez prudente pour émettre des billets seulement au prorata des effets de commerce escomptés, les billets n'auraient pas une valeur fictive, puisqu'ils auraient encore comme contre-partie des effets négociables.

Mais comme le solde disponible assurant le remboursement des billets à vue n'existe plus, le cours du billet ne se maintient plus nécessairement au même taux que le numéraire.

L'Économie Politique condamne le cours forcé, car il équivaut à une suspension de paiements de la Banque et il est généralement aggravé par ce fait que les émissions ne représentent pas les opérations ayant pour contre-partie des richesses échangeables, et n'ont d'autre but que de répondre à des besoins qui n'ont rien de commercial. On objecte quelquefois que le cours forcé a permis de traverser les crises en soutenant la valeur du billet à l'intérieur du pays. *En effet, s'il n'a pas été créé des billets en excès, ils sont tous représentés par des effets de commerce valables et marchands au moyen desquels peuvent s'effectuer les paiements à l'ex-*

*térieur du pays où les billets n'ont pas cours.* Néanmoins une situation de ce genre est toujours précaire *parce que la Banque n'a plus comme contrôle et comme régulateur* de ses émissions le mouvement de son encaisse et qu'elle est exposée de ce chef à émettre des billets pour un prix qui ne sera pas rigoureusement égal à celui de son portefeuille commercial et comme on ne peut plus répondre aux demandes de l'extérieur par des remises en numéraire si l'émission des billets excède le portefeuille, les traites feront prime sur les billets ou, ce qui revient au même, les billets perdront leur cours nominal pour se négocier en vertu de la loi de l'offre et de la demande au prorata de leur équivalent en traites vraiment marchandes et par conséquent en marchandises : le billet devient alors seulement un signe conventionnel et il subit une dépréciation qu'on désigne sous le nom de *change*. Le change monte plus ou moins, suivant que la circulation du billet dépasse plus ou moins le portefeuille commercial. Né des exigences du marché extérieur, le change se généralise sur le marché intérieur où le numéraire fait prime en vertu de la règle qui ne permet pas à une marchandise d'avoir deux valeurs différentes sur un seul marché. La crise passée, si la Banque ramène la circulation de ses billets à la somme correspondant à son portefeuille, le change tombe de nouveau, les billets se rapprochent peu à peu du pair jusqu'au jour où la circulation redevient normale. Un équilibre parfait entre le portefeuille commercial et l'émission pourrait maintenir les billets au pair ou peu s'en faut même en l'absence de numéraire disponible, mais une pareille situation est très précaire puisqu'elle manque de la monnaie qui devrait lui servir de régulateur et qu'un très léger excès dans les remises à faire à l'extérieur provoque brusquement une hausse du change. Cette situation précaire est celle de tous les États qui ont une circulation de papier-monnaie.

**Papier-monnaie.** — *Le papier-monnaie n'est autre chose que le billet de banque avec cours forcé émis non pas par une Banque indépendante, mais par l'État lui-même.* Le papier-monnaie obéit aux mêmes lois exactement que le billet de banque avec cours forcé ; aussi nous voyons actuellement se produire dans tous les pays qui ont une circulation de papier-monnaie des variations importantes dans le change qui atteint des proportions ruineuses pour le pays émetteur. *Il ne faut jamais oublier que le crédit ne crée pas les capitaux, il sert seulement à les mobiliser.* La Convention malgré toutes ses rigueurs n'a pas pu maintenir les assignats au pair. Quand le public ne veut pas d'une marchandise ou d'une valeur, toutes les lois et toutes les pénalités sont impuissantes à la lui imposer. La loi de l'offre et de la demande agit d'une façon si impérieuse sur les fluctuations des cours qu'on pourrait comparer son action à celle de la gravitation universelle, et les mouvements de hausse et de baisse des prix à ceux des marées.

**Aperçu historique.** — L'Histoire mentionne le Crédit à des époques très reculées. Plusieurs siècles avant notre ère, les Chinois fabriquaient des espèces de billets de banque avec du cuir. On rencontre dans les ruines d'Assyrie des formules en caractères cunéiformes gravées sur des briques qui rappellent celles de nos lettres de change. Les Grecs et les Romains connurent des instruments du même genre. Le Crédit entraîné dans la chute de l'Empire romain disparut pendant plusieurs siècles. Les Croisades qui nécessitèrent des transactions à longue distance et à longue échéance firent revivre le Crédit dans les cités italiennes. Depuis lors il n'a cessé de grandir pour atteindre son apogée de nos jours.

Nous devons faire justice d'une utopie, celle du crédit gratuit. Elle repose sur l'erreur qui consiste à croire que le crédit crée des capitaux et qu'il suffit à un gouvernement de fabriquer du papier-monnaie à discrétion pour mettre la fortune à la disposition de ses partisans. Nous avons montré plus haut ce que devient une émission de papier-monnaie faite au mépris des lois économiques.

La division du travail a tout naturellement provoqué une spécialisation dans le commerce de crédit. En Assyrie, en Grèce, à Rome, ce commerce réuni au change des monnaies constitue un métier à part exercé par des banquiers. Quand vient la Renaissance, l'Italie voit grandir le rôle de certains de ses banquiers qui exercent à la fois le commerce, la banque et l'industrie et finissent par s'élever comme les Médicis à la Puissance souveraine. C'est à la même époque que les Banques publiques prennent naissance. Les Villes et les Souverains leur empruntent de l'argent et leur octroient des privilèges. Venise, la métropole commerciale, fut la première à posséder une Banque publique : Cette Banque faisait l'escompte ; elle se chargeait en outre, moyennant un droit de garde de conserver les monnaies de toutes provenances, et si variées alors,que lui confiaient ses clients et elle leur ouvrait des crédits en une *monnaie de compte* uniforme bien plus commode dans les transactions que le numéraire très imparfait de cette époque.

**Banques de dépôt.** — Des *Banques de dépôt* se créèrent successivement à Florence, à Gênes, à Amsterdam, à Hambourg, et les mêmes errements continuèrent jusqu'en 1694.

**Banque d'Angleterre.** — A cette date, la *Banque d'Angleterre* fut fondée et créa les premiers billets de banque véritables payables à vue au porteur circulant par simple tradition. Elle obtint en 1708 des privilèges équivalents pratiquement au monopole d'émission dans la cité de Londres. Cette Banque d'émission ne s'astreint plus à conserver dans ses caves le numéraire de ses clients, elle l'utilise et le met en circulation, et s'astreint seulement à conserver une réserve susceptible de faire face aux demandes de remboursements immédiats.

La fixation du minimum de cette encaisse réservée

a été maintes fois discutée par les auteurs. Elle est impossible à calculer théoriquement, car elle dépend de conditions contradictoires et indéterminées. Cette encaisse devrait augmenter avec les nécessités du commerce et décroître, par contre, à mesure que le Crédit spécial de la Banque et que le Crédit général du pays s'améliorent. Voici comment, après pas mal de péripéties éprouvées par la Banque, la législation anglaise a résolu par le bill de 1844 cette question. La Banque d'Angleterre est divisée en deux départements : celui de la Banque et celui de l'Émission. Le premier traite les affaires, le second crée les billets. Ce dernier a le droit d'en créer d'abord pour 14 millions de livres sterling, qu'il peut remettre sans contre-partie à l'autre département pour le service de l'Escompte. A partir du moment où ces 14 millions sterling sont en circulation, le département de l'émission doit régler son émission sur son encaisse métallique et ne jamais la dépasser. Les 14 millions de livres représentant l'émission primitive sont pour la plupart la contre-partie de dettes contractées envers la Banque par les divers services publics de l'État et sont considérés comme suffisamment garantis par ces dettes publiques. Ce règlement, un peu compliqué peut-être, fonctionne somme toute à la satisfaction générale et la Banque d'Angleterre réussit couramment à maintenir l'équilibre entre son encaisse et son émission, en élevant et en abaissant le taux de son escompte suivant la nécessité du moment. Néanmoins, dans une crise récente, la Banque d'Angleterre a eu recours à la Banque de France et lui a fait un emprunt de numéraire très considérable pour pouvoir satisfaire aux demandes du Public sans violer la loi qui la régit.

**Banque de France.** — La *Banque de France* est née en 1800, a été réorganisée en 1806 ; son privilège a été renouvelé à plusieurs reprises, et vient de l'être une dernière fois en 1897. Elle jouit du privilège exclusif de l'émission des billets dans la France entière. La loi ne fixe pas le rapport qui doit exister entre son encaisse et son émission ; mais elle fixe le maximum de ses émissions, et lui impose certaines mesures de prudence : la Banque de France ne doit pas par exemple escompter des effets de commerce portant moins de trois signatures, ou de deux signatures avec une garantie consistant en un dépôt de valeurs indiquées par la loi. Le gouvernement exerce un contrôle et nomme le Gouverneur, les Sous-Gouverneurs et a droit à trois places dans le Conseil de régence en faveur des trésoriers-payeurs généraux. Les principales opérations de la Banque de France sont l'émission des billets, l'escompte des effets de commerce, la garde des titres et des valeurs et les prêts sur dépôt de titres. Elle possède une ou plusieurs succursales dans chaque département et des bureaux auxiliaires dans les localités les plus importantes. En 1848 et en 1870, le gouvernement a eu recours à elle pour de très fortes avances et a promulgué comme compensation le cours forcé. Mais la Banque prudemment gérée a, peu de temps après, pu se passer de cet expédient. Le système des Banques privilégiées analogues à la Banque de France et à la Banque d'Angleterre a été copié dans divers pays, notamment en Prusse et en Belgique.

**Banques d'Écosse.** — A l'inverse des Banques que nous venons de citer, les *Banques Écossaises* ne jouissent d'aucun privilège et ne sont soumises à aucun contrôle. Elles émettent des billets comme bon leur semble, mais en revanche leurs actionnaires sont solidairement et personnellement responsables *ultra-vires*. Cette organisation suppose à la fois une audace et une prudence dont les Écossais semblent jusqu'ici avoir conservé le secret. Citons encore un système qui tient le milieu entre les précédents, c'est celui adopté aux États-Unis.

**Banques américaines.** — Les *Banques américaines*, soumises à certaines formalités légales pour leur ouverture, sont tenues de déposer dans les caisses du Trésor des fonds d'État, et le Trésor leur remet des billets pour une somme égale à 90 % des fonds déposés qui constituent la garantie des billets en circulation. Ces dispositions ont été prises à la suite de violentes crises financières causées par les abus d'une circulation jusque-là illimitée.

**Banques privées et Sociétés de crédit.** — Autour des Banques d'émission gravitent de nos jours des banquiers particuliers et des Sociétés de crédit par actions qui font toutes les opérations de banque, sauf l'émission des billets. Ces Sociétés de crédit, dont le rôle augmente de jour en jour, empêchent la thésaurisation stérile en groupant les économies des particuliers qu'elles transforment en capitaux industriels productifs, pour les répartir ensuite dans le public sous forme d'actions et d'obligations. L'industrie moderne, transformée par les Sociétés anonymes, leur est en grande partie redevable de son essor.

**Chambre de compensation ou Clearing house.** — Une institution de crédit d'origine toute récente a atteint déjà en Angleterre et en Amérique un immense développement : c'est celle qu'on désigne sous le nom anglais *clearing house* et sous le nom français *chambre de compensation ;* elle existe aussi en France et dans plusieurs pays d'Europe. Dans un local *ad hoc* se réunissent les commis délégués par les Banques qui sont affiliées à l'institution soit à Londres, soit à Paris, soit à New-York, soit ailleurs. Ces commis sont porteurs de toutes les créances liquides de leur propre Banque vis-à-vis des autres, chèques, traites acceptées et à échéance, etc... Suivant un mécanisme de comptabilité variable mais dont le résultat est toujours le même, ils font l'échange réciproque des créances dont ils sont porteurs et les Banques qui restent débitrices après l'échange fait n'ont plus qu'à effectuer le règlement du solde. Ce solde même peut ne pas se régler en numéraire, et à Londres il se règle par un chèque sur la Banque d'Angleterre. La Chambre de compensation de Londres peut ainsi régler sans numéraire un chiffre d'affaires qui dépasse 8 milliards de livres sterling par année. La Chambre de Paris ne traite qu'un chiffre d'affaires d'environ 6 milliards et demi de francs par an. Les États-Unis ont développé cette institution avec plus de rapidité encore que l'Angleterre, et le seul Clearing house de New-York fait chaque année des opérations qui varient entre 40 et 42 milliards de dollards.

**Caisses d'épargne.** — Citons encore, parmi les autres institutions de Crédit qui facilitent par leur concours le travail et l'épargne, les Banques populaires, les Caisses d'épargne et les Compagnies d'assurances.

## CHAPITRE V. — BOURSE DE COMMERCE. BOURSES DES VALEURS MOBILIÈRES.

Nous venons de parcourir les diverses méthodes employées dans le règlement des affaires; il nous faut maintenant voir les errements suivis dans la négociation elle-même de ces affaires.

**Marchés, Foires.** — Pour éviter les pertes de temps et faciliter les transactions, les hommes ont pris de bonne heure l'habitude de se réunir en grand nombre et d'accumuler des stocks de marchandises sur des points fixes et à des époques régulières; ainsi sont nés *les marchés et les foires* qui remontent à la plus haute antiquité et qui ont persisté jusqu'à nos jours. Aux foires temporaires, le moyen âge a vu s'ajouter les fondoucs dans les pays musulmans et les comptoirs de la ligue hanséatique dans le nord de l'Europe. Ces fondoucs, ces comptoirs sont de véritables foires permanentes possédant des dépôts considérables de marchandises, possédant des prérogatives commerciales et judiciaires et obéissant à des règlements ayant force de loi.

**Bourse de commerce.** — Le système, qui réunissait les marchands et les marchandises en un seul et même point, a fait place à un autre système plus perfectionné, celui des *Bourses de commerce*. Les marchands se réunissent seuls et sans marchandises à la Bourse, lieu de réunion quotidien choisi de façon à être le plus accessible possible. Quant aux marchandises, elles sont emmagasinées dans de grands entrepôts, sur des emplacements distincts de ceux occupés par les Bourses. Les transactions se font alors sur simples échantillons ou sur documents écrits, et une série de transactions peut s'effectuer sans qu'il y ait déplacement matériel des marchandises ni même des marchands. La Bourse des grains se tient à Londres, tandis que les blés sur lesquels on opère sont dans les docks des divers ports ou même en route sur les mers. La Bourse des grains de Paris fonctionne dans les mêmes conditions.

Les Bourses ont en outre l'avantage d'être une mise en pratique de la division du travail, elles se spécialisent et chacune d'elles n'a pour objet qu'une catégorie particulière de marchandises.

Les Bourses stimulent la spéculation qui assure et

régularise d'une façon efficace les approvisionnements et l'écoulement des produits et elles rendent ainsi service aux consommateurs et aux producteurs.

**Spéculation.** — En effet, pour profiter des différences de cours et réaliser des bénéfices, les spéculateurs sont amenés à faire leurs achats dans les moments d'abondance et leurs ventes dans les moments de disette relative. Ils assurent ainsi un service public important, celui des approvisionnements d'une façon presque inconsciente.

**Jeu.** — Autant la spéculation rend de services, autant le jeu est nuisible et condamné par l'Économie Politique, car les joueurs abusent de toutes les facilités que la spéculation invente, ils achètent à crédit des marchandises imaginaires et livrables à terme au moyen de promesses de capitaux qu'ils ne possèdent pas. Le jeu est évidemment inutile et funeste puisqu'il n'ajoute rien aux approvisionnements, mais ceci ne regarde que les spéculateurs.

**Bourses de valeurs mobilières.** — Dans la seconde moitié de ce siècle, les valeurs mobilières comprenant, d'une part, les actions et obligations des grandes compagnies industrielles, et, d'autre part, les emprunts d'États, ont pris une importance considérable. Aussi, les Bourses des valeurs, copiées à l'origine sur les Bourses de commerce, sont prépondérantes aujourd'hui. Elles ont pour client le public tout entier, tandis que les Bourses de commerce ne réunissent que des commerçants s'occupant d'une catégorie déterminée d'affaires.

## CHAPITRE VI. — Commerce intérieur.

L'échange ayant pour objet le troc du superflu contre le nécessaire et pour but final d'économiser la peine de l'homme, il semble évident qu'on doive le faciliter par tous les moyens. Cette idée, toute simple, se fait jour lentement, entravée qu'elle est par de vieux préjugés et des intérêts particuliers. Les Romains considéraient le commerce comme une carrière avilissante, et ce préjugé absurde n'est pas encore complètement éteint dans certains cerveaux contemporains.

**Commerce intérieur.** — On donne le nom de *Commerce intérieur* à celui qui s'exerce en dedans des frontières politiques d'une nation déterminée. Nous avons examiné précédemment les *impedimenta* d'ordre social que les corporations opposaient aux transactions au moyen âge. Ces entraves avaient leur pendant dans l'ordre administratif, le pays était morcelé et l'autorité exercée par une foule de potentats locaux qui imposaient aux voyageurs et aux marchandises des taxes variées mais arbitraires. Il fallait payer une taxe pour passer sur le territoire de telle ou telle ville, de telle ou telle seigneurie, pour traverser les ponts, pour parcourir les routes, pour passer sous un pont ou devant un moulin, et ainsi de suite. Ces péages innombrables et incertains étaient plus gênants encore que le mauvais état des routes. Le commerce en était réduit à se localiser.

Les transactions sur des marchandises nécessitant des transports un peu éloignés se concentraient principalement dans les foires au moment desquelles quelques souverains avisés accordaient des privilèges aux marchands, et allaient même jusqu'à imposer à leurs vassaux et à leurs voisins de ne pas molester les forains pendant leur voyage. Les foires de Champagne et la foire du Landit à Saint-Denis étaient parmi les plus importantes. Jusqu'à l'époque de Louis XIV, les provinces de France étaient séparées les unes des autres par des douanes; Colbert voulut les repousser jusqu'aux frontières, mais il ne réussit qu'en partie. La Convention démolit ces barrières en même temps qu'elle supprimait sur la carte de France l'ancienne division administrative des Provinces. Mais, malgré ses habitudes radicales, elle n'a pas réussi à faire table rase de ces vieux abus, et elle a laissé subsister les octrois. Nous les avons encore. A côté des octrois ont également survécu à toutes les révolutions certains monopoles privés, comme celui des notaires et celui des agents de change. Enfin, l'Etat en a conservé certains autres sous prétexte d'intérêt national ou dans un but fiscal plus ou moins discutable. Dans ces catégories figurent : la fabrication des Poudres, la Régie des Tabacs et celle des Allumettes.

## CHAPITRE VII. — COMMERCE EXTÉRIEUR.

**Commerce extérieur.** — Le *Commerce extérieur* est celui qui s'exerce entre une nation déterminée et l'ensemble des autres. Il comprend l'importation, l'exportation et le transit. Les deux premiers réunis constituent le commerce spécial et les trois réunis constituent le commerce général. Les mêmes causes et les mêmes préjugés qui ont entravé la liberté du commerce intérieur se sont opposées à celle du commerce extérieur. Louis XIV, voulant favoriser les entreprises coloniales, fut obligé de décréter que les gentilshommes pourraient y prendre part sans déroger et de donner lui-même l'exemple.

**Balance du commerce.** — Les adversaires de la liberté du commerce extérieur ou, comme on dit aujourd'hui, du libre-échange forment historiquement deux groupes successifs, celui de la balance du commerce et celui du protectionnisme. Les partisans de la *Balance du commerce* étaient persuadés que les métaux précieux étaient la seule richesse digne de ce nom et ils s'efforçaient d'obtenir des chiffres d'exportation supérieurs aux chiffres d'importation ou, comme ils disaient, une Balance favorable afin que le solde réglé en numéraire vint augmenter la Richesse Nationale. Les conséquences étaient des empêchements fiscaux ou des prohibitions absolues à l'importation et des faveurs ou des primes à l'exportation ; ce système rigoureusement mis en pratique par l'Espagne au lendemain de la conquête de l'Amérique a suffi à lui faire perdre rapidement la prépondérance, le prestige et la puissance dont elle jouissait alors. Ce système repose en effet sur plusieurs erreurs : tout d'abord, *l'or et l'argent sont des richesses comme les autres, ni meilleures, ni pires ; deuxièmement, les chiffres de douane à l'entrée et à la sortie des marchandises ne sont pas comparables entre eux* et ne donnent pas une idée exacte de la valeur relative des importations et des exportations. Ils englobent, en effet, dans le cas de l'importation une série de frais non compris dans l'autre, notamment des assurances, des courtages et des frets, si bien qu'un pays comme le royaume britannique peut s'enrichir tout en ayant constamment une balance apparente défavorable. L'Angleterre, qui a acquis dans ce siècle un portefeuille international de plus de 30 milliards, perdrait chaque année 1.500 à 1.800 millions depuis 30 années, si on s'en rapportait au relevé de la douane. Outre que les douanes ne peuvent tenir compte de la valeur réelle des marchandises, elles n'ont aucun moyen de contrôle sur les espèces monnayées et autres que portent les voyageurs passant les frontières, ni sur les effets de commerce : actions, obligations, fonds d'État, coupons, etc., qui jouent de nos jours un rôle si important dans les transactions. Le résultat le plus certain de la prohibition et des taxes exagérées est un développement corrélatif de la contrebande ; l'expérience faite par la Convention et ensuite par Napoléon Ier au moment du blocus en est une preuve historique incontestable.

**Change.** — *Le véritable critérium de la situation commerciale relative des deux pays n'est pas dans les chiffres de douane, mais seulement dans le taux du change entre ces deux pays.* Quand la place de Paris doit plus à la place de Londres que la place de Londres ne doit à la place de Paris, les banquiers qui font leur métier de régler les échanges plutôt que d'expédier du numéraire, ce qui coûte cher, payent une légère prime au change de quelques centimes par livre sterling pour le papier sur Londres. On ne recourt au transport effectif des lingots qu'en dernier lieu.

**Protection.** — De nos jours les adversaires de la liberté ont greffé sur le système de la balance du commerce celui de la *protection*. Il ne suffit plus d'empêcher l'exportation des métaux précieux, il faut encore protéger l'industrie nationale contre la concurrence étrangère. Voyons un peu où cela nous mènerait en France. Pour nous rendre indépendant de l'Étranger, il faudrait tout d'abord nous priver de thé, de café, de poivre, de pétrole, de cuivre, d'étain, d'or, de chocolat, etc., etc., toutes productions auxquelles le sol de la Patrie a le tort de se refuser. Si une mesure de ce genre était rigoureusement appliquée, elle serait aussi ruineuse pour le pays qu'impopulaire. On se rabat sur la nécessité de se passer de l'Étranger pour certaines denrées, le blé notamment, sous prétexte de guerre et de blocus. L'échec subi par Napoléon Ier, qui n'a jamais pu défendre son blocus contre les contrebandiers et a même dû accorder à ceux-ci des licences pour assurer les approvisionnements nationaux, et dont on ne saurait cependant mettre en doute les aptitudes guerrières, réduit à bien peu de chose la valeur de cet argument.

Passons à la protection. *Protège-t-on réellement toutes les industries nationales*, ou bien la protection favorise-t-elle les unes au détriment des autres, et dans ce cas, quelles sont les industries favorisées, quelles sont les victimes? On voit bien *a priori* que la taxe imposée à l'entrée de certains produits fabriqués enrichira tout d'abord les fabricants nationaux des produits similaires. Débarrassés de la concurrence étrangère, ils s'empresseront de faire payer très cher leurs produits à ceux des consommateurs qui seront encore disposés à les payer. On ne voit pas trop ce que le consommateur gagnera à ce régime, on voit très bien ce qu'il y perdra puisqu'il sera forcé de payer ces denrées plus cher, ou de s'en passer jusqu'au jour où les capitalistes et les entrepreneurs, alléchés par la hausse des prix de cette industrie protégée, auront établi de nouvelles fabriques, et où par conséquent la concurrence intérieure remplacera la concurrence extérieure et fera de nouveau baisser les prix. On ne voit pas non plus ce que gagneront les industriels intéressés non pas dans des industries chancelantes au point d'appeler la protection à leur secours, mais au contraire dans les industries vivaces et bien portantes du pays, qui satisfont d'abord au besoin des nationaux sans protection aucune et qui répandent en outre sur les marchés étrangers leurs produits, au plus grand profit de la nation d'origine. La protection suscitera des représailles dont ces industries vivaces seront les premières à souffrir. Nous avons deux exemples récents sous les yeux, tirés de deux industries éminemment nationales : les vins français pénètrent plus difficilement en Suisse que jadis, les robes françaises de plus en plus difficilement aux États-Unis depuis l'application du régime protecteur. Ces guerres de tarifs, moins meurtrières que les autres, sont aussi ruineuses, encore heureux quand elles n'engendrent pas les autres comme elles ont engendré la guerre de Hollande sous Louis XIV. Le législateur qui fait de la protection une règle, au lieu de la considérer comme un expédient momentané, rappelle ces mères de famille qui négligent leurs enfants bien portants pour se consacrer entièrement aux enfants malingres et chétifs.

**Colbertisme**. — *Colbert*, considéré à tort comme le prototype du protectionniste, comprenait si bien le rôle transitoire de la protection accordée par lui à certaines industries naissantes, qu'il la comparait à des béquilles, et il voulait que ces mêmes industries apprissent peu à peu à s'en passer. La condamnation de la protection se trouve dans les palliatifs mêmes que ses partisans ont établis pour en atténuer les inconvénients. Les principaux de ces palliatifs sont les traités de commerce, les primes, les drawbacks, les admissions temporaires, les acquits-à-caution et les entrepôts.

**Traités de commerce.** — Les *traités de commerce* ont pour effet d'arrêter les représailles et d'atténuer les conditions désastreuses que donnerait l'application rigoureuse du régime protecteur. Ils n'amènent pas de changements brusques, ils se rédigent avec lenteur, ils ne se signent jamais tous en même temps, ils stipulent des avantages réciproques pour les pays contractants et mettent en avant les industries vivaces et susceptibles de développement et non pas les industries chancelantes ; enfin, ils assurent aux commerçants une grande fixité dans les relations extérieures, car les tarifs conventionnels ont des échéances certaines, et les droits de douane ainsi établis ne peuvent être modifiés par la seule volonté du législateur national. L'accroissement de la fortune publique en France et le développement des affaires après les traités de 1860 et des années suivantes, les progrès industriels de l'Allemagne après l'établissement du Zollverein sont des preuves historiques concluantes de l'efficacité des traités de commerce.

**Primes.** — Les primes sont souvent des primes à la fraude ; elles consistent en remise directe de sommes fixées par la loi, faites par le Trésor à certaines industries comme compensation aux droits de douane perçus sur les marchandises constituant les matières premières dont se servent ces industries. Les primes accordées aux constructions navales et à la marine marchande rentrent dans cette catégorie. Ces compensations reposent forcément sur des évaluations arbitraires et prêtent par conséquent à la fraude. On est en outre en droit de se demander pourquoi le législateur prime certains industriels et pas les autres.

**Drawback.** — Le *drawback* a pour but la restitution, au moment de l'exportation d'une marchandise, des droits de douane perçus à l'entrée des matières premières. On restitue par exemple aux raffineurs au moment de la sortie des sucres raffinés les droits perçus à l'entrée des sucres bruts. Ici encore l'évaluation est arbitraire et la fraude encouragée.

**Admission temporaire.** — L'*admission temporaire* consiste à laisser entrer momentanément en franchise une marchandise qui a des transformations à subir à condition que l'importateur justifie de la réexportation. Par ce moyen, on met une industrie particulière dans les conditions où elle serait avec le libre-échange, tout au moins en ce qui concerne l'exportation. Mais, si le libre-échange est bon pour une industrie, comment est-il mauvais pour les autres, et, s'il est bon pour la généralité, pourquoi limiter ses effets à quelques-unes ?

**Acquit-à-caution.** — *L'acquit-à-caution* permet l'entrée en franchise des marchandises, moyennant une caution qui garantit le paiement des droits en cas de non réexportation.

**Entrepôts.** — Les *entrepôts* sont des magasins où

les marchandises importées en franchise séjournent sous la surveillance des employés de la douane jusqu'à réexportation ou jusqu'à paiement des droits et importation définitive.

**Cadenas.** — Les commerçants prudents ont l'habitude de prévenir les conséquences d'une élévation brusque dans les tarifs de douane par des approvisionnements faits au moment de la discussion des nouveaux tarifs. Certains législateurs, soucieux d'entraver le commerce, même au mépris des principes les plus élémentaires du droit, ont préconisé *la loi* dite *du cadenas*. Cette loi permet au pouvoir exécutif de mettre en vigueur, par simple décret, un nouveau tarif pendant sa discussion et par conséquent longtemps avant qu'il ait été voté par le pouvoir législatif. Une pareille mesure donne aux lois douanières un effet véritablement rétroactif.

**Accaparements.** — Les législateurs du Code pénal se sont préoccupés des *accaparements* de marchandises et les ont interdits en frappant l'accaparement de pénalités. Cette législation surannée est aujourd'hui inutile, les moyens de transport rapides et perfectionnés ont plus contribué à rendre les accaparements impossibles que toutes les pénalités édictées par la loi.

En résumé, la protection est un mal qui touche à l'ensemble de la vie nationale d'un pays ; elle crée des classes de privilégiés ; elle frappe sur l'ensemble des consommateurs ; elle se reflète dans les prix des choses nécessaires à l'homme, dans son salaire, dans sa vie sociale comme dans sa vie de famille ; elle porte atteinte à la sociabilité, à l'harmonie économique ; elle aggrave les inégalités ; elle arrête l'émulation et fait par là obstacle aux progrès industriels. Bref, elle fausse les rapports des hommes entre eux et des nations entre elles.

## CHAPITRE VIII. — Crises.

**Crises.** — Les affaires ne marchent pas partout et toujours d'un mouvement régulier : *il y a des crises tantôt locales, tantôt générales.*

**Crises locales.** — Les crises locales ont pour causes principales : les guerres, les fléaux agricoles, les mauvaises récoltes, les changements brusques de tarif, les travaux publics exagérés suivis de chômage.

**Guerres.** — *Les guerres* provoquent généralement une crise chez le vainqueur et chez le vaincu, du moins de nos jours ; chez les anthropophages la guerre était, comme la chasse, un moyen de se procurer des vivres ; chez les hommes civilisés, elle est, comme la chasse, un sport de plus en plus cher, et cela s'explique : chez les sauvages, la guerre coûte peu et rapporte généralement au vainqueur ; dans un État barbare, il est en effet plus économique de voler que de produire. Avec les perfectionnements industriels modernes, la production des richesses devient de plus en plus économique ; la guerre moderne au contraire suppose un outillage de plus en plus compliqué ; cet outillage ne peut servir qu'une fois et il faut le renouveler sans cesse. De tout ceci il résulte des dépenses telles que l'indemnité extorquée au vaincu ne saurait compenser les avances et les pertes de toute nature, soit en argent, soit en hommes, faites par le vainqueur.

**Crises générales.** — *Il y a des crises générales dues simplement aux fluctuations de l'offre et de la demande.* Certains économistes ont cru reconnaître une périodicité dans ces crises ; il y a réellement des alternances, mais sans une périodicité régulière. Voici la succession des phénomènes qui se produisent : une période de paix et de tranquillité pendant laquelle il y a équilibre entre la production et la consommation et dans laquelle le travail, l'épargne et le crédit fonctionnent normalement. La sécurité développe le crédit ; le crédit facile encourage à son tour la spéculation, certaines industries se développent plus que les autres et plus vite que les débouchés correspondants. Alors les stocks s'accumulent, tout d'un coup les prix baissent puisque l'offre dépasse la demande, le crédit se resserre brusquement et précipite la baisse des prix. Certaines industries se trouvent arrêtées, d'autres complètement fermées, les stocks s'épuisent peu à peu, l'offre et la demande reprennent leur équilibre et tout rentre dans l'ordre pour un certain temps, non sans laisser quelques ruines irréparables sous la forme d'industries détruites, d'usines et de magasins fermés.

**Remèdes**. — Les banques d'États ne peuvent pas prévenir les crises, mais peuvent en atténuer la violence en prenant à temps la *sage mesure d'élever le taux de l'escompte* au moment précis où, la spéculation aidant, la production s'exagère. Le renchérissement artificiel du crédit provoqué par la hausse de l'escompte agit alors comme modérateur et ralentit la production. Tel est le seul palliatif réellement efficace contre les crises.

---

# QUATRIÈME PARTIE

## RÉPARTITION, DISTRIBUTION DES RICHESSES

### CHAPITRE PREMIER. — INTRODUCTION. INTÉRÊTS ET LOYERS.

#### *Introduction.*

En étudiant la production des Richesses, nous avons vu que les trois sources de la Richesse étaient la nature, le travail et le capital. Nous avons maintenant à étudier comment se fait la répartition des richesses produites entre les ayants droit respectifs de la nature, du travail et du capital. *A la nature correspond la rente, au travail correspondent les salaires et les profits, au capital correspondent les intérêts et le loyer.*

#### *Intérêts et Loyers.*

La part de richesse attribuée au capitaliste en rémunération du service rendu par son capital prend *généralement le nom de loyer* quand le capitaliste loue *en nature les instruments* de production à l'entrepreneur. Elle prend le nom d'intérêts quand le capitaliste au lieu de fournir directement les instruments de travail prête l'argent nécessaire à leur acquisition.

**Critiques.** — L'usage, le langage et même les lois ont ici consacré une distinction sans valeur économique entre le loyer de l'argent et celui des autres capitaux. Les législateurs n'ont pas réglementé le loyer, les capitaux et le taux de ce loyer ne dépendent que de la loi de l'offre et de la demande. Il n'en est pas de même en ce qui concerne le loyer de l'argent *flétri jadis par l'Église sous le nom d'usure, il est critiqué de nos jours par l'École socialiste* et il fait l'objet d'une réglementation arbitraire de la part des pouvoirs publics qui se sont arrogé le droit de fixer le taux légal. Le principal argument des adversaires actuels de l'intérêt, c'est que l'argent ne pousse pas et ne porte pas de fruits comme un arbre ou une vache. Qu'importe, s'il rend des services analogues et s'il permet d'acheter des choses portant des fruits. L'argent est une marchandise comme une autre, elle doit obéir aux mêmes lois. Si l'on supprime l'intérêt, il faut être logique jusqu'au bout, il faut interdire toute rémunération pour un service rendu et se ranger aux idées anarchistes.

On fait valoir contre l'intérêt d'autres arguments tirés de l'ordre sentimental et qui n'ont aucune valeur économique : le premier, c'est que les capitalistes ne s'imposent pas une privation quand ils prétent leurs capitaux. Nous répétons ici ce que nous avons déjà énoncé, c'est que l'intérêt est une rémunération du service rendu et non pas de la privation encourue. On tire un autre argument de l'oisiveté de certains capitalistes. Peu importe que les capitaux soient mis en œuvre par le capitaliste lui-même ou par un entrepreneur, pourvu qu'ils rendent à la société en général les services auxquels ils sont destinés. D'ailleurs l'oisiveté n'est pas l'apanage des gros capitalistes obligés de surveiller sans cesse leurs capitaux engagés dans des entreprises plus ou moins aléatoires. Elle est bien plus à redouter chez les petits rentiers qui vivent des revenus des fonds d'État sans grand travail physique ou moral. Les conversions successives des fonds d'État rendront prochainement ces sinécures impossibles.

**Utilité de l'intérêt.** — Il y aurait un grand danger à la suppression totale de l'intérêt, car elle transformerait en thésaurisation occulte et stérile l'épargne féconde, elle déterminerait l'émigration de capitaux, et elle paralyserait l'épargne.

**Taux légal.** — La fixation d'un taux légal n'est pas plus logique ni plus efficace que l'interdiction absolue du prêt à intérêt. Le taux de l'intérêt doit fatalement suivre la loi inéluctable de l'offre et de la demande, comme toute autre transaction commerciale. Tout obstacle légal en restreignant l'offre fait augmenter le taux, et la fraude est d'autant plus générale qu'elle est plus difficile à déceler, car le prêteur peut toujours amener une confusion entre la somme qu'il a avancée et l'intérêt qu'il a stipulé.

La fixation légale du taux de l'intérêt n'est utile que dans deux cas : 1° celui où le prêt est consenti à l'égard d'un incapable, mineur ou autre ; 2° celui où les contractants ont par suite d'une omission négligé de fixer le taux de l'intérêt dans le document rédigé pour établir la créance.

**Tendance à la baisse.** — En l'absence de toute réglementation et de tout obstacle extérieur, le taux de *l'intérêt a une tendance normale à la baisse ;* ceci pour deux raisons. La première, c'est que les capitaux subissent comme toutes les autres marchandises les effets de la concurrence. Le taux de l'intérêt baissera donc forcément avec les progrès de l'épargne, dont la conséquence naturelle est l'accroissement des capitaux disponibles sur le marché. La deuxième raison vient de ce que l'intérêt comprend deux choses : d'abord la rémunération du service rendu et ensuite une véritable prime d'assurance contre les risques. Nous voyons en effet sur un même marché les placements se capitaliser à des taux absolument différents, suivant le degré de sécurité qu'ils présentent. Citons un seul exemple : les fonds d'États se capitalisent actuellement à des taux variant de 3 1/2 jusqu'à 8 ou 10 0/0 suivant le degré de confiance que les États inspirent et suivant l'abondance des capitaux disponibles. Le mouvement de baisse du taux de l'intérêt peut être interrompu par des désordres augmentant les risques et par conséquent la prime d'assurance exigée par le capitaliste, par exemple une guerre. Le même effet peut se produire par suite d'un développement industriel brusque nécessitant une demande soudaine de capitaux. Ce phénomène s'est produit au moment du percement de l'isthme de Suez. Ce dernier phénomène deviendra de plus en plus rare de jour en jour, car les marchés internationaux et les valeurs internationales tendent de plus en plus chaque jour à niveler les cours dans le monde entier.

La baisse graduelle du taux de l'intérêt rendra peu à peu vaine et oiseuse l'utopie du prêt gratuit.

Au point de vue économique, il y a lieu de considérer la baisse du taux de l'intérêt comme un phénomène avantageux, car il facilite les entreprises particulières et permet aux États de réduire leur dette par voie de conversion. La baisse n'est fâcheuse que dans un seul cas, c'est celui où elle ne provient non pas de l'abondance de l'offre des capitaux, mais au contraire de la diminution de la demande amenée par le dépérissement général des industries.

## CHAPITRE II. — Les Profits.

*La part des ayants droit du travail dans la répartition des richesses est représentée par les salaires, les honoraires et les Profits.*

**Définition**. — *On désigne sous le nom de Profits, dans une entreprise, le reliquat qui peut rester aux mains de l'entrepreneur après paiement de tous frais.*

**Discussion.** — L'entrepreneur fournit en général du travail intellectuel, du travail moral, du travail manuel et une partie des capitaux ; et le Profit, s'il est assez habile pour en obtenir un, comprend la rémunération générale de tout l'ensemble fourni par lui. Son travail intellectuel est représenté par la direction, l'organisation et l'administration de l'entreprise ; son travail manuel est principalement représenté par de la correspondance et du dessin ; son travail moral par l'effort nécessaire pour oser mettre à exécution une entreprise conçue, la faire accepter par les capitalistes et les autres intéressés, enfin pour en assumer tous les risques.

Les entrepreneurs arrivent quelquefois à réaliser d'assez gros profits ; *c'est uniquement dû à la loi de l'offre et de la demande*, et cela se produit quand le métier est peu concurrencé. *Il y a peu d'hommes en effet capables de réunir les qualités nécessaires à un bon entrepreneur* ; il faut de l'activité, de l'intelligence, de l'ordre, une instruction professionnelle, une grande endurance physique et *par-dessus tout l'énergie morale suffisante pour assumer des risques incessamment renouvelés et grandissants* avec les entreprises et la fortune elle-même. Si l'on pouvait subdiviser par la pensée les Profits de l'entrepreneur en autant de rubriques qu'il remplit de fonctions, on serait amené à faire figurer la plus grosse part de ses Profits sous la rubrique « Prime d'assurance contre les risques. » Les Profits des entrepreneurs ont une tendance à la baisse et au nivellement parallèle au développement de l'instruction professionnelle et de la sécurité commerciale.

Certains sociologues ont prétendu que les profits des entrepreneurs et le salaire des ouvriers ne peuvent s'élever simultanément, et que la hausse des uns entraine forcément la baisse des autres. L'expérience journalière prouve au contraire d'une façon générale que les salaires montent quand les entreprises prospèrent, et cela est logique, car dans ces moments-là, en vertu de la sécurité, les capitalistes fournissent leur concours aux meilleures conditions. La part du capital étant moindre, celle de tous les autres ayants droit de la production peut augmenter simultanément.

## CHAPITRE III. — Les Salaires.

**Définition.** — *Le salaire est la somme payée en numéraire à l'ouvrier pour son travail par l'entrepreneur ou le consommateur, suivant contrat accepté par les deux parties.*

En vertu d'une distinction qui relève plutôt du cérémonial que de l'Économie politique, on désigne sous le nom d'honoraires et d'appointements la rémunération des travaux considérés comme plutôt intellectuels que manuels et sous le nom de salaires la rémunération des travaux plutôt manuels. *Les Salaires, de même que les Intérêts, que les Profits, etc., sont régis par la loi de l'offre et de la demande.* La valeur et le prix du travail dépendent, comme la valeur et le prix d'une marchandise quelconque, de leur utilité et de leur rareté ; tous les règlements et toutes les lois édictés au mépris de cette loi économique universelle resteront lettre morte. Toutes les conceptions contraires ne peuvent être qu'utopies ; on ne peut pas plus se soustraire à la loi de l'offre et de la demande qu'à celle de la pesanteur. Cobden a eu raison de dire : Quand deux ouvriers courent après un patron, les salaires baissent, et quand deux patrons courent après un ouvrier, les salaires montent.

*La rémunération du travail ne prend pas nécessairement la forme du Salaire.* Nous avons vu, en étudiant le Métayage, le partage en nature des richesses produites. Dans certains bateaux de pêche, ce ne sont plus les produits en nature, mais le résultat en monnaie de la vente de ces produits qui est réparti entre la barque elle-même, le patron et l'équipage au prorata d'une convention consentie par les intéressés.

Les salaires sous forme de rémunération fixe payable en monnaie sont néanmoins l'usage courant. En effet, la plupart des hommes *ont peur des risques et préfèrent vendre à forfait à un entrepreneur leur part éventuelle de profits à un prix réduit, mais payable d'avance à des dates fixes.* Dans un autre ordre d'idées, c'est la même crainte des risques qui multiplie les candidatures aux fonctions de l'État et provoque l'encombrement et la baisse des appointements dans les carrières qui en dépendent.

**Causes diverses de hausse et de baisse des salaires.** — La civilisation étant arrivée à l'époque contemporaine justement au degré d'évolution où le Salaire est la part du plus grand nombre, notre devoir est d'étudier avec un soin particulier les causes qui peuvent influer sur la hausse et la baisse des Salaires et par conséquent sur le Bien-être général.

Nous avons vu précédemment que la production est fonction de trois quantités variables : la Nature, le Travail et le Capital, et que les richesses produites devaient se répartir entre les représentants de ces trois forces. Supposons par hypothèse pour un moment que la répartition des ayants droit de ces trois forces se fasse suivant une proportion invariable et voyons ce qui se passera.

*Mieux les agents naturels, le Travail et le Capital, seront utilisés, plus la production totale sera grande ainsi que la part de chacun des ayants droit*; dans ce cas, l'augmentation de la production sera d'intérêt général. Voyons ensuite les causes qui font varier la quotité de la répartition entre les ayants droit ; la cause, c'est *toujours la loi de l'offre et de la demande*. Plus la nature fournira facilement sa part de la besogne, moins cette part sera payée cher, c'est pourquoi une région emblavée en blé dans l'Inde ou dans l'Ouest américain a sa répercussion en Europe et fait baisser le prix du blé. Des phénomènes identiques se produiront pour le charbon, le cuivre et l'étain à l'ouverture d'une nouvelle région minière. Il y a donc intérêt pour l'Humanité en général à ce que l'exploration et la colonisation continuent leur œuvre et étendent le domaine approprié par l'homme sur le globe terrestre. Il faut également envisager comme un phénomène avantageux au point de vue économique la baisse du taux de l'intérêt, qui permet d'attribuer une plus large part des richesses produites aux Profits et aux Salaires.

*C'est encore la loi de l'offre et de la demande qui décidera de la proportion dans laquelle les deux derniers ayants droit considérés dans la répartition des richesses, les ouvriers et les entrepreneurs, verront se répartir entre eux les produits.* Dans les pays où il y a peu d'esprit d'initiative et d'entreprises, peu d'éducation professionnelle, les profits seront proportionnellement élevés et les salaires proportionnellement bas. L'inverse se produira dans le cas contraire ; en effet, dans le premier cas les entrepreneurs seront rares et ne se feront pas concurrence, tandis que les ouvriers étant nombreux proportionnellement aux travaux entrepris se feront concurrence. Dans le deuxième cas, les entrepreneurs seront plus nombreux, se feront concurrence, et, les travaux augmentant, les bras seront plus demandés et la concurrence moindre pour la main-d'œuvre.

*Les gains des salariés subissent, comme toute question de prix, la loi de l'offre et de la demande, et les salaires* varient par conséquent avec toutes les conditions qui peuvent faire varier l'offre ou la demande des emplois. Citons comme exemple l'agrément ou le désagrément du métier considéré, son danger ou sa sécurité, son apprentissage plus ou moins long, ses aléas de réussite et d'insuccès, etc., etc. Les métiers qui n'exigent aucune aptitude spéciale, que le premier venu peut faire, sont très mal payés ; c'est le contraire pour les métiers qui exigent des aptitudes très rares : certains ténors gagnent plus en un jour qu'un manœuvre en plusieurs mois. Les métiers qui supposent une grande habileté professionnelle sont mieux payés que ceux qui en demandent peu et qui sont à la portée de beaucoup plus de gens : un sculpteur gagne plus qu'un maçon. Les métiers qui comprennent des risques matériels et personnels, et qui sont par cela même moins recherchés, sont mieux rémunérés que des métiers du même ordre dépourvus de risques. Nous voyons même des travaux identiques mieux rémunérés dans le cas où le salarié prend à sa charge volontairement certains risques au lieu de les laisser tous incomber à l'entrepreneur.

**Salaire à la tâche.** — C'est ainsi que pour une même besogne *les salaires à la tâche sont plus rémunérateurs que les salaires à la journée*, car dans le premier cas l'ouvrier risque de ne pas être payé ou d'être mal payé s'il a imparfaitement accompli sa tâche, tandis que dans le second il touche la même rémunération quoi qu'il advienne.

**Salaire avec prime.** — *On perfectionne quelquefois le salaire à la tâche par des primes données* en raison de la qualité ou de la quantité du travail accompli.

**Partage des bénéfices.** — Certains industriels ont pu pousser la chose plus loin encore et ont distribué à leurs ouvriers en fin d'exercice une partie des bénéfices acquis. Ce système est excellent à une condition, c'est de résulter du bon plaisir seul de l'entrepreneur, car ce dernier est seul responsable, seul exposé aux pertes, et comme sanction il doit rester juge absolu de l'emploi des bénéfices réalisés.

**Sociétés coopératives.** — Les sociétés coopératives dans lesquelles les ouvriers fournissent à la fois les capitaux, la main-d'œuvre et le travail de direction sont de bonnes institutions, car *elles démocratisent le capitalisme avec ses avantages et ses risques, ses profits, ses pertes et ses responsabilités.*

**Petites coupures.** — Enfin le système plus large encore qui résulte pour l'industrie de la division des actions en petites coupures à la portée de toutes les bourses donne d'excellents résultats. Ce système confond en effet et harmonise les intérêts puisqu'il permet la possession des capitaux par les salariés travaillant dans l'industrie considérée sans en exclure les capitalistes étrangers. Les petites coupures commencent aujourd'hui à se répandre en Europe, mais elles ont déjà depuis longtemps fait leurs preuves ailleurs et ont contribué pour leur part à la prospérité rapide des régions aurifères en Australie.

Ces deux systèmes sont deux formes de l'Association dont l'Économie Politique appelle le développement de toutes les manières, car c'est par l'Association seulement que la classe ouvrière pourra s'élever moralement et matériellement.

**Hausse continue des salaires.** — En fait, *depuis un siècle, les salaires ont constamment augmenté dans toute la civilisation occidentale; en revanche, les prix des objets de première nécessité ont subi une baisse continue.* Le bien-être s'est donc généralisé, parallèlement au développement du capitalisme, du machinisme et du crédit.

**Salaire nominal et salaire réel.** — Le salaire nominal évalué en monnaie et le salaire réel mesuré en bien-être ont augmenté simultanément. Il reste hélas! même dans un pays prospère comme la France des misères isolées, mais on ne voit plus de famines pareilles à celles qui ont désolé le pays à côté des splendeurs de la cour du Roy Louis XIV.

**Misères et Remèdes.** — *S'il y a encore des misères, c'est que l'Épargne et le Capitalisme n'ont pu encore achever leur œuvre.* C'est donc un devoir pour les économistes, un devoir pour tous ceux qui sont chargés d'élever les générations futures, de développer le goût de l'Épargne, non pas de la thésaurisation stérile, mais de la capitalisation fertile, jusqu'au jour où l'outillage national sera assez complet et assez parfait pour que tous les métiers même les plus humbles, fournissent au travailleur non pas le luxe, mais le bien-être et la sécurité. Il faut que nous arrivions à perfectionner le machinisme et la production jusqu'au jour où il n'y aura plus de miséreux que les paresseux. Ce n'est pas avec des grandes phrases, mais avec des charrues perfectionnées et avec des outils de toutes sortes à grand rendement qu'on arrivera à supprimer la misère.

Nous venons d'examiner rapidement les salaires et le salariat tels qu'ils existent réellement régis par la loi de l'offre et de la demande ; jetons maintenant un coup d'œil rapide sur les principaux systèmes plus ou moins hypothétiques qu'on a bâtis sur eux.

**Théorie du fonds des salaires.** — Cette théorie peu claire est ainsi résumée par son principal adepte Stuart Mill : Les salaires dépendent de la proportion qui existe entre la population et les capitaux (chapitre XI). Stuart Mill ajoute qu'il faut entendre ici par population la population ouvrière, et par capital les capitaux circulants. Rien ne saurait être moins en rapport avec les faits. On sait en effet que, dans une industrie quelconque, les capitaux circulants représentent non seulement les salaires, mais l'ensemble de tous les fonds de roulement, matières premières, marchandises terminées, combustibles, outillage courant, etc., etc. En cherchant à pénétrer la pensée des partisans du fonds des salaires, on arrive à cette conclusion qu'ils se représentent la Société comme composée de deux espèces d'hommes : les uns, des grands seigneurs, maitres de faire ce qu'ils veulent avec les capitaux, mais disposant d'une somme de revenus pratiquement invariable ; les autres, des prolétaires réduits à la servitude, entre lesquels les premiers divisent, au gré de leurs caprices, cette somme de revenus toujours invariable. Il est évident que, s'il existait dans chaque nation un fonds des salaires à peu près invariable, on obtiendrait le salaire moyen en divisant le fonds des salaires par le nombre des ouvriers et que la misère augmenterait forcément en même temps que la population ouvrière et proportionnellement. Cette hypothèse d'un fonds des salaires constant et d'une misère proportionnelle de la population est en contradiction absolue avec les faits, puisque dans toute la civilisation occidentale, depuis un siècle, la population a augmenté et les salaires aussi.

**La loi d'airain.** — *La loi d'airain si chère* aux socialistes est une paraphrase de la précédente hypothèse. On peut la résumer ainsi : le prix courant des marchandises dépend de leur prix de revient, donc le prix courant de la main-d'œuvre dépend de son prix de revient, par conséquent le travailleur peut gagner seulement de quoi ne pas mourir de faim ou de misère ainsi que sa famille. Si cette hypothèse purement gratuite était vraie, les salaires baisseraient toujours en même temps que le prix des subsistances. Or, c'est justement l'inverse qui se produit d'une façon presque régulière. De plus, comme il y a d'importantes inégalités dans les salaires, si la moyenne différait très peu du minimum de salaire indispensable à la vie, comme le prétendent les socialistes, il y aurait chaque année une partie importante de la population ouvrière décimée par la famine. Or, ce n'est pas le cas. Enfin, dans la comparaison citée plus haut entre le prix de revient des marchandises et celui de la main-d'œuvre, les prémisses sont aussi fausses que la conclusion. En effet, nous avons vu en étudiant la question de la valeur que ce n'est pas sur le prix de revient d'une marchandise qu'on peut régler son prix courant de vente, mais que tout au contraire le producteur est forcé d'établir ses prix de revient d'après le prix courant de vente pratiqué sur le marché, sous peine de marcher à sa ruine.

Quand les socialistes disent qu'il suffirait aux ouvriers de dépenser davantage pour provoquer immédiatement une hausse des salaires, ils raisonnent comme raisonnerait un industriel qui croirait pouvoir imposer à la clientèle ses prix courants par le fait seul d'une augmentation de ses prix de revient.

**Salaire nécessaire.** — Certains écrivains croient pouvoir, à force de règlements, échapper à la loi inviolable de l'offre et de la demande, et pour améliorer le sort des salariés ils réclament la fixation par l'État du taux des salaires avec un minimum qui assure aux salariés le nécessaire et la dignité humaine conformément à leurs idées. Si l'État fixe le prix des salaires, il n'y a pas de raison pour qu'il ne fixe pas celui des chapeaux. Un autocrate quelconque, qu'il s'appelle Louis XI ou Robespierre, pourrait peut-être forcer momentanément les chapeliers à vendre les chapeaux au prix décrété par sa fantaisie, mais il ne pourrait pas les empêcher de faire faillite. Quand les chapeliers auront fait faillite, on ne fabriquera plus de chapeaux ; quand les entrepreneurs d'une industrie à salaire réglementé auront fait faillite, il y aura au minimum une désorganisation temporaire de cette industrie et les salariés de cette industrie particulière seront les premières victimes. Ce que les fabricants de systèmes sociaux appellent la fixation du salaire nécessaire est donc une utopie irréalisable.

**Journée de huit heures.** — La fixation légale des heures de travail sans variation dans les salaires existants revient finalement au même que la fixation légale des salaires et se heurtera aux mêmes impossibilités. La fixation des heures de travail sans fixation du salaire est une tracasserie administrative sans résultat pratique, qu'aucun gouvernement n'a encore osé généraliser, et les essais tentés jusqu'ici n'ont pas donné de résultats encourageants. Nous ne voyons pas très bien l'effet d'un règlement administratif interdisant au médecin d'assister une femme en couches après huit heures du soir ou interdisant à la fermière de traire ses vaches avant cinq heures du matin.

**Grèves et coalition.** — On désigne sous ces noms

deux moyens employés quelquefois pour déterminer une baisse ou une hausse des salaires. Dans le cas de **la Grève**, les ouvriers d'une industrie ou d'un métier déterminé cessent subitement et simultanément le travail en réclamant une augmentation de salaire ou une modification dans les conditions du travail. Dans le cas de **Coalition**, les chefs réunis des divers ateliers représentant une industrie déterminée ferment simultanément leurs ateliers. Ces deux procédés constituent tous les deux un danger de ruine pour les patrons et de famine pour les ouvriers. Les statistiques prouvent que la proportion des Grèves ou des Coalitions réussies représente un pourcentage bien faible sur l'ensemble et détermine bien des souffrances. Ces moyens ne réussissent en général que quand la modification demandée, facile à obtenir, eût été atteinte par conciliation. On peut les comparer dans ce cas au petit choc qui précipite le mouvement de montée ou de descente d'un baromètre peu sensible vers son état d'équilibre normal.

Nous savons en effet que les patrons dans un pays où la concurrence existe ne sont pas plus maîtres que les ouvriers de régler les salaires au gré de leurs caprices, que les patrons seront, qu'ils le veuillent ou non, obligés d'augmenter leurs prix pour tout travail très demandé et que les ouvriers seront de même obligés de subir une baisse pour tout travail très offert.

Les Grèves, loin d'avoir pour but unique la question des salaires, qui est une question de marchandage parfaitement légitime, sont souvent provoquées et exploitées par des agitateurs professionnels dans un but politique d'intérêt personnel et sous les prétextes les plus variés. Elles sont souvent alors accompagnées de voies de fait à l'égard des dissidents ou des opposants et sont dans ce cas justiciables de la force publique, comme doit l'être tout acte de violence dans une Société organisée.

## CHAPITRE IV. — Rente du sol.

Il est peu de questions économiques qui aient fait couler autant d'encre. Les adversaires de la Propriété foncière se sont efforcés de démontrer que la *Rente* constituait un monopole monstrueux, une iniquité criant vengeance ; par contre ses partisans ont voulu lui trouver toutes les qualités et se sont évertués à démontrer qu'elle n'intervenait pas dans le prix des denrées. Elle ne méritait

Ni cet excès d'honneur ni cette indignité.

**Qu'est-ce que la rente du sol?** — Il n'est pas facile de tirer une définition claire de toutes les formules contradictoires publiées à ce sujet. C'est un don gratuit de la Nature, s'écrient les uns ; c'est la différence de rendement en blé entre les terres les plus fertiles et les terres les moins fertiles, déclarent les autres ; c'est l'intérêt de la plus-value non acquise, réclament les suivants ; c'est le bénéfice incessamment croissant et immérité que le propriétaire foncier retire de son odieux monopole. Nous pourrions continuer, mais contentons-nous de cette dernière définition pour le moment ; elle a l'avantage d'être claire sinon exacte, et nous ferons nous-même la part du vrai et du faux.

Est-il vrai que la possession du sol constitue un monopole ? Théoriquement, oui, puisque la surface du globe habitable n'est pas indéfinie. Est-il vrai, par contre, que de ce monopole découle nécessairement pour le propriétaire foncier un bénéfice immérité et incessamment grossissant ? Non. En étudiant la Propriété foncière et l'Industrie agricole, nous avons vu : 1° que, par suite des mutations successives, la Propriété foncière, loin de constituer un monopole héréditaire, était en France du moins un placement en tout comparable aux autres ; et 2° que le propriétaire foncier retirait, somme toute, un maigre intérêt de son argent. Nous avons vu que, par suite des aléas que comporte l'Industrie agricole, les placements agricoles comptaient parmi les plus précaires. Loin d'attaquer la Rente, il faut en Europe du moins bénir les vieux préjugés et les satisfactions de vanité qui s'attachent encore à la possession du sol. Sans eux, les capitalistes délaisseraient brusquement l'agriculture, les capitaux émigreraient et le Vieux-Monde subirait une crise agricole encore plus violente que celle qu'il subit. Le monopole représenté par la Propriété foncière existe toujours théoriquement, mais on peut le comparer aux titres de noblesse très recherchés par amour-propre dans les démocraties, bien qu'ils aient perdu toutes les prérogatives, grâce auxquelles ils créaient à leurs titulaires des droits positifs et des avantages matériels. L'abaissement des frets fait aujourd'hui que les agriculteurs du Monde entier entrent en concurrence pour la vente de leurs produits. Aussi les capitalistes européens qui ont cru, il y a quelques années, acheter des monopóles inébranlables en se rendant acquéreurs de certaines terres privilégiées, comme les grands vignobles de France, voient aujourd'hui la valeur vénale de leurs terres baisser dans des proportions souvent ruineuses et leur revenu baisser à tel point qu'ils ne couvrent pas toujours aujourd'hui les frais de culture. Dans des cas pareils, la soi-disant plus-value non acquise, tant critiquée par les socialistes, se trouve transformée en une moins-value non méritée.

Existe-t-il néanmoins des cas où le propriétaire foncier gagne de l'argent en se contentant de rester accroupi sur son terrain, pour employer une expression américaine très imagée ? Oui. Le fait se produit surtout dans les pays neufs où la population augmente rapidement, et d'une façon générale dans les grandes villes où la population afflue aussi bien dans l'Ancien Monde que dans le Nouveau. On voit que le fameux Monopole qu'on a tant maudit n'a d'effet que dans des cas spéciaux, mais qu'en règle générale et par suite des mutations la Rente du sol telle que le Propriétaire foncier la touche se confond purement et simplement avec l'intérêt des capitaux engagés dans l'achat de la Terre.

Nous avons reconnu précédemment que la permanence de la possession du sol constitue une nécessité dans une civilisation aussi rudimentaire que la nôtre. (Voir plus haut *Propriété foncière*). A-t-on jamais proposé un système qui, tout en respectant la possession permanente du sol, produise une répercussion des avantages résultant du monopole foncier sur tous les citoyens ? Oui. Le moyen a été proposé par l'école des Physiocrates.

**Impôt unique.** — Le procédé proposé par eux s'appelle l'*impôt unique*. Le système consisterait à supprimer tous les impôts, sauf un : l'Impôt foncier. La Propriété foncière supporterait ainsi toutes les charges de l'État dont se trouveraient exonérés tous les citoyens qui ne seraient pas propriétaires.

Cette idée a été récemment renouvelée des Physiocrates par le socialiste Henri Georges. Ce système, qui supprimerait toutes les vexations des impôts indirects et personnels, se heurterait malheureusement dans la pratique à des obstacles considérables.

Dans le pays où la Propriété foncière est démocratisée et morcelée comme en France, les paysans propriétaires qui ont pour eux la force du nombre sont assez puissants pour s'opposer à toute augmentation de l'impôt foncier, faire voter des diminutions et même faire voter des lois douanières dans le but de faire renchérir le blé et le pain. Dans toute la vieille Europe, en outre, il serait impossible d'obtenir d'un impôt unique l'élasticité nécessaire pour suffire aux charges écrasantes dues au militarisme et aux travaux publics improductifs entrepris par concession aux idées socialistes.

**Définition.** — *En résumé, la Rente du sol représente la supériorité des revenus immobiliers sur les revenus mobiliers industriels, quand par hasard elle existe.* En général, elle est nulle ou négative, car les revenus mobiliers sont en moyenne supérieurs aux revenus immobiliers.

**La Rente, d'après Ricardo.** — Après cet examen de l'essence même de la Rente du sol, telle qu'elle résulte de l'observation des faits, jetons un coup d'œil sur les principaux systèmes qu'on a échafaudés à ce sujet. *Ricardo* s'imaginait que les hommes avaient commencé à cultiver les terres les plus fertiles pour recourir aux terres de moins en moins fertiles au fur et à mesure que la population augmentait. Le prix courant du blé résultait, d'après lui, du prix coûtant de la culture sur les plus mauvaises terres et laissait par conséquent un bénéfice croissant aux premiers occupants. Cette hypothèse a pour principal défaut d'être purement gratuite et en contradiction avec les faits que l'Économiste peut observer dans toutes les prises de possession de territoires nouveaux.

Les entreprises de colonisation, réalisées chaque année sous nos yeux, nous montrent que le choix de l'émigrant se porte d'une façon constante vers les régions les plus facilement accessibles, que la question des moyens de communication prime tout aussi bien la question de la fertilité du sol que les autres. L'histoire de l'Humanité ne nous fournit que deux exemples d'*exodes* dans lesquels les hommes sont partis sans esprit de retour et sans intention de conserver des communications avec le monde abandonné. Le premier de ces exodes fut accompli par les Juifs sous la conduite de Moïse ; le second, par les Mormons sous la conduite de Brigham Young. Ces deux exceptions ne font que confirmer la règle que nous citions plus haut, d'après laquelle les voies de communication priment tout, même la fertilité du sol, dans les nouveaux établissements de l'Homme.

Même dans les pays anciennement peuplés, nous voyons que les terres d'alluvion qui sont de beaucoup les plus fertiles, mais qui supposent avant d'être mises en culture des travaux préalables de drainage et de canalisation, compliqués et coûteux, sont d'ordinaire les dernières exploitées.

**La Rente, d'après Carey.** — Contrairement à Ricardo, *Carey* s'est figuré que les hommes exploitaient tout d'abord les terres les plus meubles et les moins fertiles. Bien que Carey fût plus souvent près de la vérité que Ricardo, il a fixé son attention sur un fait secondaire, et son observation n'est pas non plus conforme aux faits.

## CHAPITRE V. — POPULATION, MALTHUS.

**Résumé de la théorie de Malthus.** — Malthus est le premier économiste qui ait exclusivement consacré ses études à la population et au paupérisme et qui ait cherché à démontrer que la misère tenait plutôt à des causes sociales qu'à des causes politiques. Il était parti de ce principe qu'une population dont le développement n'est nullement entravé peut s'accroître suivant une progression géométrique ; il avait cru constater au contraire que les subsistances suivent au maximum une progression arithmétique, et il en avait conclu, un peu à la hâte, que la misère guettait incessamment l'Humanité grandissante.

**Discussion de cette théorie.** — Malthus était un philanthrope attristé par la pensée que la misère, les guerres et les épidémies sont la sanction naturelle de l'imprévoyance. Croyant que le but de l'Humanité est d'élever des enfants sains et vigoureux, au moral et au physique, préférant en un mot la qualité à la quantité, il conseilla timidement la vertu et la prudence. Malthus enjoignait aux hommes jeunes de ne pas se marier avant d'avoir acquis une position leur permettant d'assurer à leur famille non pas l'opulence, mais la sécurité. L'ouvrage de Malthus déchaina contre lui des colères politiques et religieuses, car à son époque le culte du nombre en fait de naissances était un dogme à la fois religieux et politique. L'Église voulait plus de fidèles, les potentats plus de chair à canons. Si le compatissant Malthus avait vécu de nos jours, il n'aurait pas écrit son ouvrage, car les peuples occidentaux modernes, tout en affectant un dédain hypocrite pour les théories de Malthus, tendent chaque jour davantage à mettre en pratique un malthusianisme auquel notre philanthrope n'aurait même pas osé songer. Parti de France, le mouvement a gagné les États-Unis, et il continue à se propager.

En dehors de cette considération que Malthus ne pouvait pas prévoir, ses craintes ne se sont pas vérifiées. Depuis son époque jusqu'à nos jours les salaires ont suivi une progression constante, et le prix des objets de première nécessité une dégression constante, même dans les points de la civilisation occidentale où la population a grandi rapidement. La progression arithmétique que Malthus avait cru constater a donc été dépassée, et cela est logique. Nous avons vu au commencement de ce Manuel que la production est une fonction de trois variables : la Nature, le Travail et le Capital. Or, nous sommes loin d'avoir épuisé les ressources de la Nature et de l'Épargne. Il nous reste bien des hectares à mettre en culture sur la planète terrestre ; le Capitalisme et le Machinisme sont loin d'avoir dit leur dernier mot. Chaque naissance amène un travailleur de plus, chaque génération possède un outillage meilleur que celle qui l'a précédée, et finalement les vivres se multiplient plus vite que les hommes. Mais Malthus vivait avant l'essor de l'industrie moderne, il ne pouvait donc prévoir par les ressources les progrès des voies et des moyens de communications nouvelles de l'émigration et du capitalisme et l'élasticité de la productivité humaine.

Mais, dira-t-on peut-être, la Terre a des limites et un jour viendra où le capitalisme croissant ne pourra plus compenser le manque de place. Ceci est une contingence tellement lointaine que nous pouvons sans négligence laisser ce souci à nos arrière-neveux. La prudence est un devoir pour tout chef de famille, mais la crainte d'un excédent général de population est certainement prématurée. Des causes accessoires tendent d'ailleurs à restreindre le développement numérique des peuples civilisés. De même que chez les plantes et chez les animaux la qualité prolifique est en raison inverse du degré d'évolution, de même les peuples deviennent moins prolifiques en devenant plus cérébraux.

# CINQUIÈME PARTIE

## CHAPITRE PREMIER. — CONSOMMATION.

**Consommation privée.** — La Consommation des richesses comprend la Consommation privée et la Consommation publique : les deux se divisent en dépenses reproductives et en dépenses de consommation immédiate, destinées à assurer l'existence, le bien-être et l'agrément des citoyens. On a souvent cherché à établir des règles générales proportionnant ces deux dépenses entre elles, et même édicté en conséquence des lois somptuaires. Mais ce n'est pas une question de principes, c'est une question d'espèces. L'intérêt général de l'Humanité suppose une production abondante, et l'on sait que la production dépend de trois quantités : la Nature, le Travail et le Capital. Laissant de côté la Nature, qui n'est pas en cause dans l'étude actuelle, l'Homme atteindra l'idéal économique en répartissant ses revenus entre son Épargne qui augmente ses capitaux et la satisfaction de ses propres besoins, qui augmente son bien-être et sa puissance de travail d'une manière assez judicieuse pour que son Travail et ses Capitaux réunis donnent le maximum de production possible. Cette évaluation est dans chaque cas une question d'appréciation et ce problème trop complexe n'est pas susceptible d'une solution mathématique générale. La dose de bien-être qui conduit un homme à se mettre en valeur lui-même physiquement et moralement pour le mieux est une chose infiniment variable.

**Luxe.** — Tel luxe superflu dans un cas devient un article de nécessité dans un autre. Prenons comme exemple le café; ce breuvage est généralement considéré comme une friandise, cependant chez certains employés de bureau astreints à un travail cérébral fatigant, c'est un aliment qui augmente leur faculté de travail dans une proportion considérable. Le Travail produit, par suite de l'emploi de cet aliment, représente en monnaie une somme effectivement très supérieure à la dépense supplémentaire de nourriture. Et de plus la fatigue cérébrale ressentie pendant le travail est notablement diminuée.

D'une façon générale, on peut considérer comme bon luxe celui qui développe les forces morales, physiques et intellectuelles de l'homme, et comme mauvais luxe celui qui les fait diminuer.

**Consommation publique.** — Les mêmes considérations sont applicables aux dépenses publiques, mais, comme celles-ci nécessitent des impôts. on doit éviter les dépenses improductives avec plus de prudence encore que dans la vie privée; pourtant, la saine économie autorise certains luxes profitables simultanément au développement de la production nationale, du bien-être populaire et de la moralisation des citoyens, comme, par exemple, les bibliothèques publiques.

Le luxe constitue une cause de danger permanent seulement chez les peuples belliqueux et parasites comme le peuple romain, car il est alors toujours la cause et la conséquence des exactions. Le bon luxe est fécond chez les peuples créateurs, chez lesquels il sert d'avant-coureur et de stimulant aux arts et à l'industrie. Le carrosse a été le précurseur de la diligence et la bougie de cire, réservée jadis à l'Autel et au Roy, a préparé l'invention de la bougie de stéarine qui éclaire de nos jours les petits et les grands.

## CHAPITRE II. — IMPÔTS ET EMPRUNTS.

**Définition.** — *L'Impôt est la contribution obligatoire de chaque citoyen dans les dépenses publiques. C'est le prix que coûte à chacun le fait de vivre dans une société organisée.*

**Principes d'équité.** — L'Impôt ne résulte pas d'un contrat librement consenti, car le nouveau-né ne peut choisir ni sa patrie ni sa famille. C'est donc un devoir pour les gouvernements de réduire au minimum cette obligation qui constitue une atteinte nécessaire, mais néanmoins une atteinte à la liberté humaine,

Pour arriver à ce résultat, voici les règles principales dont le législateur doit s'inspirer :

1° L'Impôt doit être acquitté par tous les citoyens sans exception et par chacun suivant ses facultés ;

2° L'Impôt doit être utilisé toujours dans un intérêt général, jamais dans des intérêts particuliers ;

3° On doit limiter la taxe imposée au strict nécessaire ;

4° L'Impôt ne doit être prélevé que sur le superflu des citoyens ;

5° Il doit être juste, équitable et jamais inquisitorial ;

6° Il ne doit pas entraver les forces productives de la Nation ni empêcher l'Épargne ;

7° Il doit être précis, fixe, certain et jamais arbitraire ;

8° Il ne doit pas entraver le développement des fortunes privées, ni de la richesse générale ;

9° En échange de l'Impôt, l'État doit assurer au citoyen la garantie de sa personne, de sa famille, celle d ses biens, de son travail, et toute la liberté compatible avec celle de ses concitoyens.

Toute exemption de l'Impôt crée une classe de privilégiés et constitue par conséquent une injustice. La Révolution de 1789 compte au nombre de ses causes déterminantes l'inégalité de répartition des impôts. Dans une démocratie, l'exemption d'impôts constitue non seulement une injustice, mais encore un non-sens politique ; il est illogique d'admettre qu'un citoyen ait le droit de voter des impôts quand il ne doit pas lui-même les supporter; dans d'autres termes, que M. Durand fixe les impôts que M. Dupont paiera tout seul.

L'exemption constitue un privilège inique, quelque forme qu'elle prenne, qu'elle soit totale ou partielle et qu'elle soit en faveur des petits ou des grands.

L'Impôt ne doit jamais servir des intérêts particuliers, sans quoi il crée encore des privilèges et des privilégiés. C'est en partant de ce principe que la science économique critique les primes et la protection. La certitude de l'Impôt et l'absence d'arbitraire si désirables ne sont pas toujours réalisées. Sans parler des pays où l'exécution de la loi dépend du bon plaisir des fonctionnaires et ouvre la porte aux abus, nous voyons en France une violation de la règle dans l'Impôt successoral prélevé sur l'actif sans déduction du passif.

**Impôt unique ou multiple.** — L'Impôt doit-il être unique ou multiple ?

L'Impôt unique, que nous avons étudié en traitant de la Rente, n'est pas applicable en Europe, vu le poids exagéré des impôts actuels dû surtout aux charges militaires et aux travaux publics entachés de socialisme. La moindre erreur de répartition risquerait d'accabler ou de ruiner certains contribuables, on doit donc nécessairement recourir à l'impôt multiple.

**Impôt proportionnel ou progressif.** — L'Impôt doit-il être proportionnel ou progressif ? Il doit être proportionnel, car l'Impôt progressif aussi bien que l'exemption d'impôt crée des castes de privilégiés, et de plus son établissement nécessite souvent des mesures inquisitoriales attentatoires à la liberté individuelle.

L'Impôt progressif en matière de successions est moins vexatoire qu'ailleurs, puisque l'Impôt proportionnel lui-même en pareilles matières suppose déjà une intrusion des pouvoirs publics dans la famille et dans la vie privée.

**Impôts directs et indirects.** — L'Impôt doit-il être direct ou indirect?

On appelle impôts directs ceux que l'État perçoit directement entre les mains du propriétaire de la matière imposable. Ces impôts sont les plus économiques à percevoir; tels sont les impôts sur la propriété bâtie et non bâtie, la cote personnelle, la cote mobilière, l'impôt locatif, la patente. Ces impôts sont peu élastiques.

Les Impôts indirects sont ceux qui frappent la chose imposée entre les mains du détenteur momentané, possesseur ou non. Les principaux impôts indirects sont les droits de douane et d'octroi. La perception de ces impôts est très coûteuse, mais ils sont très élastiques, car ils suivent le développement de la fortune publique et de la consommation. Par suite de leur incidence indirecte, ils sont moins immédiatement sensibles aux contribuables. Aussi ne sont-ils pas exempts de dangers, car les gouvernements ont une tendance à abuser de ces impôts plus faciles à faire tolérer sans murmures. Les Impôts indirects atteignent en dernier ressort les consommateurs, car le commerçant qui acquitte un droit de douane ou d'octroi sur les marchandises se borne à en faire l'avance ; il a bien soin de majorer ses produits en proportion de l'impôt acquitté, et s'il ne trouve pas de clients aux prix majorés, il cesse d'importer. Les objets de première nécessité devraient toujours, dans un but humanitaire et dans l'intérêt des classes pauvres, ne pas figurer sur les listes des matières sujettes aux impôts indirects.

**Impôts sur les revenus.** — Les Impôts sur les revenus, quand ils atteignent les revenus sous une forme impersonnelle, comme les Impôts qui frappent les coupons d'actions et d'obligations, sont probablement les plus équitables, puisqu'ils frappent les citoyens réellement suivant leurs facultés et cela sans aucune mesure inquisitoriale ou vexatoire. En bonne administration, ces impôts devraient frapper la Rente aussi bien que les autres valeurs. Les privilèges politiques et juridiques dont jouissent les rentiers de l'État sont illogiques au point de vue économique.

**Impôt sur le revenu.** — L'impôt sur le revenu, quand il vise non pas la matière imposable, mais la personne elle-même du contribuable, et qu'il est soumis au contrôle de l'État, n'est rien moins qu'un moyen d'espionnage, de tyrannie et de délation permettant de créer des catégories de privilégiés et des catégories de suspects ; quand il est en outre progressif, il a pour effet de mettre en fuite des capitalistes et des capitaux : le fait s'est produit dans le canton de Vaud.

Dans certains pays aristocratiques, en Angleterre par exemple, l'Impôt sur le revenu, avec exemption pour le petit revenu, existe, mais il est sans contrôle : le fisc s'en rapporte entièrement à la déclaration du contribuable lui-même. Dans ces conditions, cet Impôt a tous les caractères d'un impôt somptuaire, volontaire, consenti par une aristocratie dirigeante en faveur des classes qui ne jouissent pas des droits politiques ; dans ce cas très particulier, son seul défaut est d'ouvrir une porte à la fraude.

## *Emprunts.*

**Emprunts.** — L'Emprunt est un moyen de se procurer des ressources auquel les gouvernements devraient recourir seulement pour faire face à des dépenses extraordinaires. Les gouvernements en abusent souvent. Pour diminuer les charges que ces emprunts font supporter aux générations à venir, on recourt soit à *l'amortissement*, soit à *la conversion.*

**Amortissement et conversion.** — *L'Amortissement consiste à rembourser peu à peu l'Emprunt avec les excédents budgétaires. La Conversion est une opération double : elle comprend un Emprunt émis dans un moment favorable et avec une réduction sur le taux de l'intérêt, et un remboursement d'un emprunt ancien plus cher au moyen des* *sommes fournies par le nouvel emprunt plus économique.* L'habileté du législateur consiste à choisir un moment opportun, de façon à réduire les remboursements à un minimum et à faire accepter la majeure partie de l'Emprunt nouveau aux porteurs de la Dette ancienne. Certains auteurs ont voulu assimiler sans raison la conversion à la banqueroute; c'est une erreur : l'État est un débiteur comme un autre et, à moins de stipulation formelle contraire, il a, comme tout débiteur, légalement et moralement le droit de se libérer par anticipation.

La conversion obligatoire constitue pourtant une banqueroute partielle.

Le cas se produit quand un gouvernement impose aux porteurs d'une ancienne dette une nouvelle dette avec taux d'intérêt réduit, sans leur offrir la faculté du remboursement.

Les emprunts se font par souscription publique ou par voie de souscription garantie. Le premier système a l'avantage de favoriser la petite épargne, le second évite à l'État les risques de l'émission puisqu'elle est garantie par les banquiers ou les syndicats de banquiers, qui ont pris l'émission à forfait.

## CHAPITRE III. — Socialismes.

On groupe sous le nom générique de *Socialismes* les divers systèmes préconisés ou même expérimentés par de certains inventeurs, dans le but de réformer et de perfectionner brusquement et artificiellement l'Humanité au moyen de lois et règlements. Ces réformateurs oublient tous que la Nature évolue lentement et qu'il faut des siècles pour transformer un organisme social, comme il faut des siècles pour transformer un organisme animal, que les révolutions brusques amènent fatalement une réaction aussi bien dans la vie sociale que dans la vie politique.

Tous nos inventeurs partent d'une hypothèse aussi gratuite qu'invraisemblable, c'est que l'Humanité est bien assez riche pour vivre à l'aise et sans prendre grande peine. Ils prétendent que la misère résulte uniquement d'une mauvaise répartition de la Richesse et nullement de son insuffisance. Sur tous les autres points, l'accord parfait est loin de régner entre les réformateurs, et leurs programmes sont très variés. On arrive pourtant à les rattacher à peu près à quatre systèmes principaux en *isme* ; ce sont : le communisme, le collectivisme, le socialisme chrétien, le socialisme d'État ou de la chaire. On peut ajouter enfin à ces divers *ismes* une conception sur la désorganisation sociale, désignée sous le nom d'anarchie.

Les réformateurs commencent par démontrer que « tout n'est pas pour le mieux dans le meilleur des mondes, » ce qui n'avait pas besoin de démonstration et ce qu'on savait déjà. Les malins ne vont pas plus loin, et se contentent de critiquer tout sans proposer rien ; c'est plus facile et ça leur fait au moins autant de réclame. Les autres proposent leurs petites panacées universelles.

**Communisme.** — La formule théorique du communisme serait une répartition égale de toutes les richesses entre tous les habitants de la planète, quel que soit leur âge, leur sexe, leur couleur, leur nationalité et leur profession. D'exemples complets du système, l'Histoire ne nous en fournit pas. La vie de certains sauvages contemporains nous donne un exemple de Communisme mitigé. Les Fuégiens se nourrissent en commun sur les bancs de moules que la Nature a répandus sur leurs côtes, ils n'ont pas à partager leurs vêtements, puisqu'ils vivent nus ! mais, pourtant, chaque chef de famille possède son canot.

L'histoire grecque nous fournit un essai célèbre de Communisme approximatif, pratiqué par des hommes libres ou soi-disant tels, à l'exclusion des femmes, des enfants et des esclaves, traités par eux comme des animaux inférieurs. On sait que les Spartiates, soumis aux lois de Lycurgue, restèrent, grâce à elles, des barbares accomplis, stériles aux points de vue industriel, scientifique, artistique, humanitaire et menant une vie brutale et misérable. Ils ne se montrèrent, malgré cela, ni plus braves, ni plus habiles à défendre la Patrie envahie que les Athéniens raffinés. La bataille de Salamine a fait au moins autant, sinon plus, pour la gloire et le salut de la Grèce que celle des Thermopyles.

Dans les sociétés civilisées modernes, le Communisme n'est pratiqué réellement que dans certaines communautés religieuses. Les Trappistes pratiquent à peu près le Communisme : vêtus de la même bure, nourris en commun des mêmes légumes, astreints aux mêmes travaux, priant aux mêmes heures, soumis à un règlement uniforme et sévère. Un pareil régime est incompatible avec la liberté, il nous paraît chimérique de prétendre l'imposer de Paris à Pékin et retour, et les apôtres du Communisme se gardent bien de nous communiquer la recette nécessaire à la mise en vigueur de leur programme.

Le système communiste implique donc ou une barbarie et une misère persistantes, ou une soumission allant jusqu'au renoncement. Le premier cas est peu désirable ; le second n'a jamais été réalisé sur une grande échelle, et, jusqu'à preuve du contraire, nous le tenons pour irréalisable.

**Collectivisme.** — Le programme collectiviste comprend deux grandes innovations principales : 1° la nationalisation du sol ; 2° celle des capitaux productifs. L'Autrichien Schœffle l'a préconisé, l'Histoire ne fournit pas d'exemple. L'État commencerait par exproprier tous les capitaux immobiliers et mobiliers, il donnerait aux expropriés l'équivalent de leurs capitaux en richesses de consommation. Chacun serait libre de dépenser son petit pécule ou ses millions, suivant les cas, en plaisirs ou même en orgies, mais avec interdiction absolue de faire de ses biens un emploi productif et utile. Puis l'État, devenu, par cette mainmise sur toutes les forces vives de la nation, maître incontesté et incontestable, gérerait, exploiterait, régenterait et tyranniserait choses, bêtes et gens sans résistance ni recours possible. Il est difficile de concevoir un mécanisme d'oppression gouvernementale plus formidable; Louis XI, lui-même, n'y avait pas songé et c'est dommage, car c'était le monarque le plus digne d'appliquer un pareil régime, et nous aurions une expérience concluante sur la destinée d'un peuple transformé en une armée d'esclaves livrés sans contrôle, depuis l'apprentissage jusqu'à la mort, à un état-major de fonctionnaires, libres de commander l'exercice sans autre loi que leur bon plaisir, non seulement sur le champ de manœuvres et sur le champ de bataille, mais encore sur le champ de culture, à l'usine, à l'atelier, à la boutique, partout et toujours.

**Le Socialisme chrétien.** — *Le Socialisme chrétien* a, pour desideratum, le rétablissement du système corporatif. Nous l'avons analysé précédemment, nous l'avons suivi depuis sa naissance jusqu'à son déclin et nous avons constaté les services qu'il avait rendus, suivi toute son évolution et examiné comment et pourquoi il avait fait son temps. (Voir *Industrie manufacturière).*

**Le Socialisme d'Etat.** — *Le Socialisme d'État* ou de la chaire comprend toutes les ingérences intempestives et inutiles du Gouvernement et des fonctionnaires dans le domaine de l'Industrie et de la vie privée. C'est du Collectivisme en détail, nuisible au point de vue économique, puisqu'il crée des monopoles d'État, supprimant toute concurrence, et qu'il ouvre la porte au népotisme ; il étouffe la liberté par la puissance qu'il donne aux gouvernants quels qu'ils soient. L'évolution naturelle d'une organisation de ce genre conduirait au mandarinat dont la Chine a fait, longtemps avant nous, la concluante expérience.

Nous avons déjà en Europe, dans cet ordre d'idées, les chemins de fer d'État, les assurances obligatoires, les monopoles des alcools, des allumettes, des tabacs, etc., etc.

**Anarchie.** — Les théoriciens de l'Anarchie, à l'inverse des autres socialistes, n'ont pas une foi aveugle dans l'autorité gouvernementale ; ils affirment, au contraire, qu'il suffirait simplement de supprimer toute autorité sociale, pour voir s'épanouir dans l'univers entier la vertu et le bonheur.

On pourrait résumer le programme anarchiste sous la forme d'un édit en deux articles ainsi conçus :

« Art. 1er. — Les lois, coutumes, hiérarchies et règlements existants sont abrogés et ne sont remplacés par rien.

Art. 2. — Personne n'est chargé de l'exécution du présent édit. »

Ce système purement négatif ne s'est, jusqu'ici, manifesté dans la pratique que par des attentats contre la vie humaine. Il relève donc de la répression légale. En théorie, l'Anarchie a cela de commun avec les systèmes en *isme* ci-dessus, c'est qu'elle ignore l'évolution, cette loi éternelle et universelle, résumée dans l'adage : *natura non facit saltum.*

**Conclusion.** — Ce n'est pas avec des recettes politiques qu'on arrivera à fabriquer du pain blanc en assez grande quantité pour que tout le monde en mange sa suffisance, c'est avec des charrues, des moulins, des pétrins et des fours perfectionnés. Si l'Humanité prend trop de peine et n'a pas assez de bien-être, c'est qu'elle est encore bien pauvre et bien mal outillée ; c'est qu'elle manque de capitaux pour mettre en œuvre les ressources de la Nature ; c'est parce que le Trio producteur formé par la Nature, le Capital et le Travail, est encore loin de produire assez de richesses, et que les deux premiers ne fournissent pas une assez grande part de la besogne. Les remèdes au mal sont le Machinisme et l'Épargne.

Les machines sont les esclaves de l'avenir, destinées à procurer à l'Homme le Bien-Etre et la Richesse, tout en accomplissant à sa place les travaux pénibles.

Pour remédier aux misères du Prolétariat, c'est-à-dire de cette partie de la population qui vit au jour le jour, il faut non seulement développer, mais aussi démocratiser le Capitalisme. Répandez l'esprit d'épargne et d'entreprise, multipliez les participations aux bénéfices, encouragez les sociétés coopératives, morcelez les capitaux, les actions, les obligations pour les rendre plus accessibles à tous. Cultivons tous la prévoyance qui permet d'épargner, et le courage qui permet de risquer ses épargnes dans des travaux productifs nouveaux, afin que les richesses accumulées deviennent des capitaux fertiles et ne restent pas à l'état de thésaurisation stérile.

Pour cesser d'être un prolétaire et devenir un capitaliste, il n'est nullement indispensable d'acquérir de grandes richesses, il suffit d'avoir pu et d'avoir su réaliser les premières épargnes, de façon à être à l'abri du besoin immédiat et du souci du lendemain. Il faut avoir ensuite assez d'audace pour oser risquer ce premier capital et le mettre en œuvre dans des entreprises utiles. Rien ne prouve que ce programme ne soit pas réalisable par une population tout entière. C'est une affaire de travail et d'épargne, et le but serait rapidement atteint par le progrès et l'évolution d'un Commerce et d'une Industrie vraiment libres, à la condition de supprimer le gaspillage des forces productives et notamment les guerres, les sinécures administratives et les travaux publics superflus.

L'avenir appartient au peuple qui saura le premier prendre pour devise : Liberté, Travail, Épargne. Plus de Prolétaires ! tous Capitalistes !

IMPRIMÉ

Sur les presses de NOEL TEXIER

À LA ROCHELLE

La Rochelle, Imprimerie Nouvelle Noël Texier.

www.ingramcontent.com/pod-product-compliance
Ingram Content Group UK Ltd.
Pitfield, Milton Keynes, MK11 3LW, UK
UKHW022107190726
13855UKWH00002B/688

9 782013 476782